Arriver à Bilbao et St-Sébastien

EN AVION

Voir aussi « Aller en avion » p. 92.

Aéroport Bilbao-Loiu

48180 Loiu - ✆ 913 211 000 - www.aena.es. À 12 km au nord de Bilbao.
Navette – Le Bizcaibus 3247 dessert 4 arrêts en ville jusqu'à la place Moyúa - 3 € - 6h15-0h, ttes les 15 à 30mn selon les jours et la saison - durée 15mn - www.bizkaia.eus.
Taxis – Environ 25 € pour rejoindre le centre-ville (20-30mn).

Aéroport Biarritz-Pays basque

64600 Anglet - ✆ 05 59 43 83 83 - biarritz.aeroport.fr. C'est l'aéroport international le plus proche, à 47 km au nord-est de St-Sébastien.
Des **bus** Alsa et Pesa assurent la liaison plusieurs fois par jour entre l'aéroport et St-Sébastien (env. 45mn, 7 €) - www.alsa.es ; www.pesa.es.

Aéroport Hondarribia/ San Sebastián

20280 Hondarribia - ✆ 902 404 704 - www.aena.es. Petit aéroport domestique, à 22 km à l'est de la ville. Pas de laison avec la France. **Bus** E21 pour le centre-ville (30mn - 2,55 € - 6h-20h15 - ekialdebus.eus) ; en **taxi**, 30 € (25mn).

EN TRAIN

Voir aussi « Aller en train » p. 92.

Gares de Bilbao

Les deux gares sont dans le centre.
Estación Bilbao-Abando, Hurtado de Amézaga 1 ; trains Renfe venant d'Espagne.
Estación Bilbao-Atxuri, Atxuri, 6-8 ; trains Eusko Tren venant de St-Sébastien.

Gares de St-Sébastien

Les deux gares sont près du centre.
Estación del Norte, Pº de Francia ; trains Renfe venant de l'étranger. 3
Estación de Amara-Donostia, pl. Easo ; trains Eusko Tren venant de Bilbao, et le Topo, venant de Hendaye.

EN BUS

Gare routière de Bilbao

Bilbao Intermodal - Gurtubay, 1 - www.bilbaointermodal.eus. Souterraine, près du stade San Mamés, elle est reliée au métro, au tramway et aux trains de banlieue C1 et C2.

Gare routière de St-Sébastien

Estacion Donostia Geltokia - Pº Federico García Lorca, 1 - www.estaciondonostia.com. Les bus 28, 37, 26, Nocturne B4 rejoignent rapidement le centre-ville.

Aller de Bilbao à St-Sébastien, p. 94.

Les Arcs Rouges de Daniel Buren.

Les immanquables

notre sélection des plus beaux sites

Bilbao

Musée Guggenheim★★★

Plan EF3 ☛ p. 14

Bilbao

Museo de Bellas Artes★★★

Plan E3-4 ☛ p. 26

Bilbao

Mercado de la Ribera★

Plan G6 ☛ p. 20

Bilbao

Casco Viejo★★

Plan G5-6 ☛ p. 16

Bilbao

Itsasmuseum★

Plan D3 ☛ p. 27

St-Sébastien
Baie de la Concha★★★
Plan CE4-5 p. 40

St-Sébastien
Museo de San Telmo★★
Plan E2 p. 42

St-Sébastien
Le port et l'aquarium★
Plan D3 p. 45

St-Sébastien
Parte Vieja★★
Plan EF2-3 p. 42

St-Sébastien
Peine del Viento★
Plan A3 p. 54

Nos coups de cœur

BILBAO

Sillonner les allées du marché de la Ribera, le plus grand espace couvert dédié aux commerces de bouche en Europe, et s'extasier sur la qualité des produits : montagnes de fraises et de champignons, pyramides d'asperges, poissons aux écailles brillantes, jambons appétissants... Et pour finir, déjeuner sur place. *Voir p. 20.*

Visiter le splendide musée Guggenheim, qui vaut tant par son contenu que par l'incroyable bâtiment qui l'abrite, et saluer sa mascotte *Puppy*, le chien en fleurs signé Jeff Koons. *Voir p. 14.*

Arpenter les ruelles piétonnes du Casco Viejo, la vieille ville, à la découverte de boutiques au charme surranné et de bars à pintxos toujours très animés. *Voir p. 16.*

Découvrir les artistes basques, souvent peu connus à l'étranger, à travers les riches collections du musée des Beaux-Arts : portraits de Zuloaga, scènes de la vie quotidienne de Losada, scènes villageoises de Arrue mais aussi les audacieuses créations des artistes contemporains. *Voir p. 26.*

Prendre le métro ou le bus pour aller à la plage. À une trentaine de minutes du centre, les plages de Getxo (Las Arenas, Ereaga, Arrigunaga, Gorrondatze-Azkorri et Barinatxe-La Salvaje, la « sauvage ») et de Muskiz vous attendent ! *Voir p. 34.*

Emprunter le funiculaire d'Artxanda pour rejoindre le sommet le plus populaire de la ville et savourer le panorama sur le Nervíon, le Guggenheim et tout Bilbao. *Voir p. 32.*

Apprécier la ville selon un autre angle : au fil de l'eau, en bateau ou, plus inattendu, en kayak, pour jouir d'une nouvelle perspective et voir la transformation de Bilbao depuis les années 1980, ou encore à vélo, en suivant une promenade guidée thématique qui permet d'en savoir plus... le nez au vent. *Voir p. 100.*

Admirer l'ingéniosité du pont de Biscaye, à Getxo : remarquable construction d'architecture métallique issue de la révolution industrielle, l'ouvrage inscrit au Patrimoine mondial de l'Unesco est le doyen des ponts transbordeurs. *Voir p. 36.*

ST-SÉBASTIEN

« Potear », c'est-à-dire aller de bar en bar, et consommer à chaque fois un pintxo et un petit verre : la diversité des propositions, des plus classiques (*pan con tomate* ou tortilla)

J.-M. Barrere/hemis.fr

Dans les rues de la vieille ville de St-Sébastien.

aux plus élaborées (certains pintxos sont de véritables œuvres d'art comestibles) est infinie. À partir de 20h, le jeudi tout particulièrement à Gros, Antiguo et Ondarreta, la rue se transforme en terrasse de café géante ! *Voir p. 65.*

Voir surgir la majestueuse baie de la Concha après avoir contourné le mont Urgull par le Paseo Nuevo. Les vagues claquent, le vent souffle, la sculpture d'Oteiza *Construction vide* est une superbe porte d'entrée sur le port. *Voir p. 40 et 44.*

Hésiter sur le choix de la plage où passer la fin d'après-midi : d'humeur sportive, foncer à la Zurriola *(voir p. 52)*, la préférée des surfeurs et de la jeunesse branchée ; avec de jeunes enfants, opter pour Ondarreta *(voir p. 54)* si la mer est calme, car là aussi les vagues peuvent être sévères ; en amoureux, la plage de la Concha et son coucher de soleil est un cadre inépuisable pour des photos romantiques *(voir p. 40)* ; sans oublier la petite plage de l'îlot Santa Clara, accessible... à la nage ! *(voir p. 41).*

Découvrir le folklore et l'histoire basques au musée San Telmo, dont les collections sont superbement présentées : stèles discoïdales, objets du quotidien, mais aussi beaux-arts, photographies et art contemporain révèlent la richesse de cette culture si particulière. *Voir p. 42.*

Bilbao et St-Sébastien en 3 jours

JOUR 1 : BILBAO

▶ *Matin*
Plongez dans l'animation du **Casco Viejo★★**, la vieille ville *(p. 16)*. Boutiques et bars jalonnent les ruelles piétonnes, qui débordent vite de monde. Visitez la **Catedral de Santiago★** *(p. 19)* et le **Museo Vasco** *(p. 16)*, bonne introduction à la région. Si vous avez le courage, montez par les escaliers de Mallona à la **Basilica de Begoña** et rescendez par le **parque Etxebarria** *(p. 19)*.

▶ *Midi*
Sillonnez les allées du **Mercado de la Ribera★** *(p. 20)*. Profitez-en pour faire quelques achats et goûter la gastronomie locale.

▶ *Après-midi*
Rejoignez **El Ensanche★** *(p. 25)* pour découvrir les palais Art nouveau et modernistes du quartier. Admirez les toiles des nombreux artistes espagnols exposés au **Museo de Bellas Artes★★★** *(p. 26)*. Terminez l'après-midi en faisant les boutiques : vous êtes au bon endroit *(p. 78)* !

▶ *Soirée*
Vous aurez l'embarras du choix pour dîner *(p. 68)*. Sachez aussi qu'un assortiment de pintxos constitue un repas savoureux et varié *(p. 64)*. Ne manquez pas de vous arrêter à l'**Azkuna Zentroa**, édifice remarquablement réhabilité par Philippe Starck. Le rooftop du bar **La Terraza Yandiola** est parfait pour prendre un verre en début ou fin de soirée, voire pour y dîner *(p. 69 et 84)*.

JOUR 2 : BILBAO

▶ *Matin*
Vous resterez plusieurs heures au **Musée Guggenheim★★★** *(p. 14)*, partagées entre la découverte de son architecture et celle de ses collections d'art contemporain.

▶ *Midi*
Déjeunez sur place, au **Nerua**, l'une des meilleures tables de la ville, ou, plus modestement, à l'excellente brasserie tenue par la même maison *(p. 70)*.

▶ *Après-midi*
Flânez le long de la berge aménagée de façon futuriste. **Bilbao Art District** *(p. 28)* n'est pas loin et compte galeries d'art et boutiques de designers. Si le temps le permet, faites une promenade en bateau, et/ou prenez le **Funicular de Artxanda★★** *(p. 32)*. **Itsasmuseum★** *(p. 27)* mérite aussi une visite.

▶ *Soirée*
Reprenez le chemin de la vieille ville. Sirotez un verre sur la charmante **Plaza Nueva★** *(p. 74)*, bordée

photooiasson/iStock

Plage de la baie de la Concha, St-Sébastien.

d'arcades et dînez dans le quartier, à moins que vous ne préfériez assister à un spectacle au **Teatro Arriaga** *(p. 83)* tout proche.

Pour aller de Bilbao à St-Sébastien, ***p. 94.***

JOUR 3 : ST-SÉBASTIEN

▶ ***Matin***

Baladez-vous dans la **Parte Vieja★★**, et visitez le **Museo de San Telmo★★** *(p. 42)*.

▶ ***Midi***

La vieille ville regorge de bars à pintxos : traditionnels ou bistronomiques, vous n'aurez que l'embarras du choix *(p. 65)*. Vous pouvez aussi acheter un pique-nique au **Mercado La Bretxa** *(p. 80)* ou **San Martín** *(p. 81)*, et profiter de la plage.

▶ ***Après-midi***

Partez à la découverte de l'architecture Art nouveau du **Centro★** *(p. 50)*. Ensuite, balade le long de la **baie de la Concha★★★** *(p. 40)*, avec arrêts baignade, pour découvrir, au bout de la plage d'Ondarreta, l'emblématique ***Peine del Viento★*** d'Eduardo Chillida. S'il pleut, abritez-vous à l'**Aquarium★** *(p. 45)* sous le mont Urgull !

▶ ***Soirée***

St-Sébastien est la capitale internationale des pintxos : à **Gros** *(p. 67)*, quartier tendance, il y a foule. Si vous préférez un resto plus traditionnel, vous trouverez poissons et fruits de mer sur le port *(p. 71)*.

Visiter Bilbao et St-Sébastien

Bilbao★★

St-Sébastien★★

St-Sébastien au crépuscule.
Aljndr/iStock

Bilbao aujourd'hui

Dites « Bilbao », on vous répondra « Guggenheim » ! La « fleur de titane », cet extraordinaire bâtiment imaginé par Frank Gehry, est devenue le symbole d'une ville parvenue en vingt ans à faire oublier son passé de cité industrielle sans charme. Il faut dire que les Bilbaínos ont fait appel aux plus grands architectes contemporains et ont mis en valeur les vestiges du passé dans la cité médiévale, le Casco Viejo, tout comme les immeubles Art nouveau du quartier de l'Ensanche. Leur cité cosmopolite est l'héritière d'un art de vivre hédoniste que les visiteurs apprécient très vite. Vous allez bientôt comprendre pourquoi Bilbao a réussi l'exploit de dépasser St-Sébastien en termes de fréquentation touristique !

L'histoire en héritage

C'est au pied d'une colline que Diego López de Haro, seigneur de Biscaye, fonde Bilbao en 1300. La cité alors entourée de murailles se serre autour de la future cathédrale Santiago. Dès ses débuts, Bilbao, née là où le Nervión commence à être navigable, se lance dans le commerce maritime ; mais c'est la révolution industrielle qui assure son essor économique. Les bateaux emportent vers l'Angleterre le minerai tiré des montagnes des environs et reviennent chargés de houille, ce qui permet le développement d'une importante industrie sidérurgique. Cette croissance s'accompagne de l'émergence, de l'autre côté du pont d'El Arenal, du quartier moderne de l'Ensanche, conçu à partir de 1876 sur un plan géométrique. Industriels, banquiers et armateurs y édifient des immeubles cossus répondant aux tendances architecturales alors en vogue : éclectisme ou Art nouveau. Les années 1970-1980 sont synonymes de crise. Pourtant, Bilbao tente une reconversion inattendue en misant sur l'art contemporain : le musée Guggenheim est inauguré en 1997. À la suite de Gehry, les architectes du monde entier exercent leur talent dans la capitale de la Biscaye : l'Argentin Pelli édifie une tour, le Britannique Foster dessine le métro, l'Espagnol Calatrava conçoit une passerelle et le nouveau terminal de l'aéroport, le Français Starck rénove un vaste entrepôt pour en faire un centre culturel et de loisirs... La ville prend un nouveau visage tandis que son économie évolue vers la haute technologie et les services.

Une nouvelle géographie urbaine

Bilbao possède bien des charmes, dont l'un est sans nul doute sa taille à échelle humaine (env. 350000 hab.). Elle se découvre donc facilement à pied. Les habitants sortent à la fois avec leur parapluie et leurs lunettes de soleil, prêts à parer à toutes les éventualités !
Le Nervión, court fleuve qui se jette dans la mer Cantabrique, partage la cité en deux. Rive droite, le **Casco Viejo**, centre historique, est

désormais piéton. Ses ruelles bordées d'immeubles anciens et ponctuées d'églises possèdent un charme authentique avec leurs petits bars et leurs boutiques qui semblent parfois avoir échappé aux modes. Rive gauche, **El Ensanche**, « l'Extension » de la fin du 19e s., est lui-même subdivisé en plusieurs quartiers, parmi lesquels l'Abando, autour de la **place Moyúa,** l'épicentre de la cité. Ce carrefour en forme d'ellipse est traversé par l'artère principale de Bilbao, Gran Vía, où s'alignent sur 1,5 km banques, administrations, hôtels particuliers, boutiques variées. La « nouvelle Bilbao » s'est développée plus à l'ouest, en bordure du fleuve, dans l'**Abandoibarra** (« vallée de l'Abando »), là où se dressaient autrefois aciéries et chantiers navals. Les friches industrielles ont laissé la place à des *paseos* (promenades) piétonniers et cyclables au bord de l'eau et des espaces verts plantés de constructions futuristes et d'œuvres d'art contemporain. L'aménagement de la zone n'est pas encore achevé et la « conquête de l'ouest » se poursuit !

Au rythme de Bilbao

Dès le matin, les bars accueillent leurs clients en quête d'un petit quelque chose à grignoter, accompagné d'un café. Un peu plus tard, les comptoirs se couvrent de pintxos, petites tartines, cassolettes et autres tortillas, qui régaleront les gourmands de l'heure du déjeuner… à celle de l'apéritif, voire du dîner. En fin de journée, collègues et amis se retrouvent autour d'un verre et débordent rapidement dans la rue. L'ambiance est toujours animée, et les amateurs de bonne chère sont comblés car ici on apprécie le « slow food » et les produits « zero kilometro », autrement dit locaux.
La vie culturelle est intense. Le musée Guggenheim est une locomotive en la matière mais il n'est pas le seul. Les galeries d'art se sont multipliées dans le cadre du Bilbao Art District, un projet qui relève plus du concept que du quartier proprement dit, visant à soutenir le secteur des arts visuels et à rapprocher l'art des citoyens.
À vous maintenant de découvrir cette cité ambitieuse tournée vers le futur qui a su préserver le meilleur de son passé et de ses traditions !

Alberto Loyo/Shutterstock.com

Les quais du Nervión à Bilbao.

Musée Guggenheim ★★★

Inauguré en 1997, le grand musée d'art contemporain de Bilbao a réussi en vingt ans à changer le visage de la ville et sa réputation. L'imposante construction futuriste qui, selon certains angles, évoque un vaisseau voguant sur les eaux de la ría, justifie pour certains à elle seule le voyage. Les amateurs d'art et d'architecture ne seront pas déçus. C'est autour du Guggenheim que se dessine la Bilbao de demain, notamment dans le quartier d'Abandoibarra (encadré p. 28).

▶**Accès :** Sur la rive gauche du Nervión. Le tramway passe à deux pas mais étant donné les courtes distances, le musée est facilement accessible à pied.
▶**Informations pratiques :** *Abandoibarra Etorbidea, 2 - ✆ 944 359 080 - ♿ - www.guggenheim-bilbao.eus - 10h-20h - fermé lun. de sept. à juin - visites guidées gratuites mar.-vend. 17h, sam.-dim. 12h30, 13h (30mn) ; mar.-vend. 12h30, sam.-dim. 17h (60mn) - 15 € (-12 ans gratuit) - billet combiné avec le musée des Beaux-Arts 20 €. Deux restaurants (Nerua, p. 70).*
Plan de quartier p. 22-23. Plan détachable EF3.
▶**Conseil :** Située derrière les caisses, une salle d'orientation, **Zero Espazioa**, propose une belle vidéo expliquant l'histoire du musée et du port de Bilbao.

Devant le musée, *Puppy*, l'œuvre végétale de **Jeff Koons**, est devenue la mascotte de la ville. D'autres pièces sont installées autour du bâtiment, dont, côté fleuve, *Maman* (1999), impressionnante araignée de Louise Bourgeois, et *Fire Fountain* (1961) d'Yves Klein. Le lieu s'ajoute à la constellation de musées gérée par la Fondation Solomon R. Guggenheim, laquelle comprend le siège new-yorkais et la collection Peggy Guggenheim de Venise.

ÉDIFICE

L'architecte canadien **Frank O. Gehry** (né en 1929 ; prix Pritzker d'architecture en 1989, prix impérial japonais en 1992 et prix du Dorothy et Lillian Gish en 1994) a imaginé dans la zone industrielle au bord du Nervión une colossale sculpture de titane, de calcaire jaune et de verre. Il est parvenu à revaloriser l'environnement immédiat et à intégrer l'édifice dans le paysage, en faisant s'entremêler bassins, estuaire et mur de verre, et en incorporant le pont de la Salve. L'imposante silhouette, composée d'un enchevêtrement de courbes, dégage un dynamisme qui surprend et séduit. Les écailles de titane de la structure jouent avec les nuances de la lumière. L'intérieur n'en est pas moins fascinant, avec ces courbes qui s'enlacent.

Jon Arnold Images/hemis.fr@FMGB Guggenheim Bilbao Museoa, Paris 2020

Le musée Guggenheim par l'architecte Frank O. Gehry.

Le musée compte **vingt galeries** distribuées sur trois niveaux autour du monumental atrium central, haut de plus de 50 m. La plus grande galerie, longue de 130 m, se glisse sous le pont jusqu'à la tour-sculpture.

COLLECTION

Fondée dans les années 1930 et consacrée à l'**art du 20e s.**, la collection de la fondation Guggenheim est l'une des plus riches au monde. Elle comprend des œuvres significatives de tous les mouvements, depuis les grands maîtres de l'avant-garde classique aux représentants des tendances les plus récentes, en passant par l'expressionnisme abstrait, le pop art, l'art conceptuel. Elle inclut également des toiles d'artistes espagnols.
Le fonds est présenté par roulement entre les différents musées Guggenheim qui organisent aussi de grandes expositions temporaires. La collection propre du musée de Bilbao comprend notamment des œuvres de Chillida, Klein, Tàpies et Warhol.
La salle (104) hébergeant **The matter of time**, série de sculptures de Richard Serra, mérite à elle seule la visite du musée. Ces installations monumentales en acier invitent le visiteur à parcourir leurs formes sinueuses, jusqu'à en perdre la notion de temps. Un espace attenant met en lumière, à l'aide de maquettes et de vidéos, le processus de création de cette œuvre majeure.

Casco Viejo★★

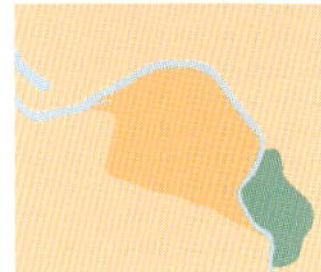

Vieille ville

Avec ses ruelles étroites et tortueuses, ses petites places qui se découvrent au détour d'une rue, ses boutiques qui semblent parfois sortir d'une autre époque, le cœur historique de Bilbao possède beaucoup de charme. Prenez le temps d'y flâner en vous arrêtant ici et là dans un bar ou à une terrasse. Le soir venu, l'endroit est généralement très animé.

▶**Accès :** Sur la rive droite du Nervión, par le pont d'El Arenal si vous venez de l'Ensanche.

Plan de quartier p. 18. Plan détachable G5-6.

▶**Conseils :** Les magasins sont presque tous fermés entre 13h et 16h. Le quartier prend alors une allure plus calme, qui ne manque pas de charme. Si vous êtes dans la vieille ville un dimanche matin, rendez-vous à la foire aux livres et aux oiseaux qui se tient plaza Nueva.

Nos adresses p. 62, 68, 74, 77, 83 et 86.

EL ARENAL

G5 Cette vaste esplanade qui sert aujourd'hui de promenade doit son nom à la zone sableuse qu'elle a remplacée et qui s'étendait jadis jusqu'à la plaza Miguel Unamuno. Un élégant kiosque, en son centre, accueille chaque dimanche l'ensemble musical municipal.

Teatro Arriaga – *www.teatroarriaga.eus.* Il tire son nom du compositeur Juan Crisóstomo de Arriaga (1806-1826). Construit en 1890 par Joaquín Rucoba dans un style néobaroque, il fut restauré après les inondations de 1983 (*p. 83*).

San Nicolás de Bari – *9h30-13h, 17h-20h30.* Église baroque (1756) dédiée au saint patron des navigateurs, elle se reconnaît à son dôme octogonal, précédé de deux tours-clochers. À l'intérieur, les statues du maître-autel baroque (18e s.), représentant saint Nicolas, flanqué de saint Laurent et de saint Vincent, ont été réalisées par Juan Pascual de Mena.

Banco de Bilbao – Face à l'église, ce bâtiment opulent, signé par le Français Lavalle et inauguré en 1868, sert de centre de conférence et d'exposition.

PLAZA MIGUEL UNAMUNO★

G5 Le buste de cet écrivain (1864-1936), dont la maison natale se trouve dans la Erronda Kalea/calle Ronda, trône sur une colonne corinthienne au centre de la place.

Museo Vasco (Musée basque) – *Pl. Miguel Unamuno, 4 - ✆ 944 155 423 - www.euskal-museoa.eus - ♿ - lun. et merc.-vend. 10h-19h ; sam. 10h-13h30, 16h-19h, dim. 10h-14h - 3 € (-12 ans gratuit) - gratuit jeu.* Il est installé dans

Les façades colorées du Casco Viejo, à Bilbao.

l'ancien collège San Andrés. Sa vaste collection ethnographique permet de découvrir les activités basques traditionnelles : pêche, tissage du lin, artisanat, forgeage. Admirez la remarquable **croix de procession** en bois polychrome (16e s.), dans la vitrine consacrée aux croyances et à la religion des marins. Elle provient de l'île d'Izaro, dans la *ría* de Guernica, et appartenait à une communauté franciscaine, dispersée au 17e s. Au centre du cloître classique se dresse la mystérieuse *Idole* de Mikeldi. Au dernier étage, s'étend une maquette en relief de la Biscaye. Vous pourrez aussi admirer des armoires à archives de 1761. Derrière le musée s'élève l'église des Santos Juanes (17e s.).

Museo de Pasos de Semana Santa (Musée des Chars de processions de la Semaine sainte) – *Iturribide, 3 - ✆ 944 150 433 - wwwmuseodepasosbilbaocom - mar.-vend. 11h-13h, 17h-19h30, sam. 11h-14h, 17h-20h, dim. 11h-14h - fermé une sem. avant et après Pâques - 2 € (-10 ans gratuit).* Il serait dommage de ne pas pousser jusqu'à cette vieille demeure jouxtant la plaza Miguel Unamuno. Elle abrite, dans un cadre soigné, les *pasos* (scènes sculptées de la Passion) qui sont portés en procession lors de la Semaine sainte. Ornements et patrimoine des confréries sont aussi exposés.

Les courageux prendront les escaliers de Mallona qui mènent à la

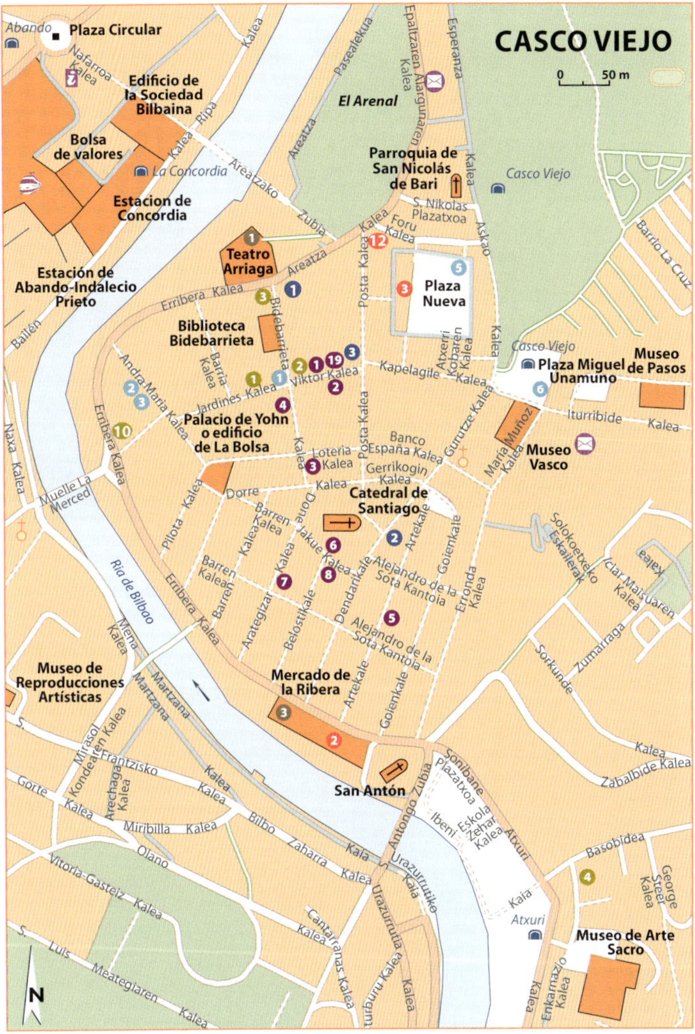
CASCO VIEJO
0
50 m
N
Abando
Plaza Circular
Nafarroa Kalea
Edificio de la Sociedad Bilbaina
Bolsa de valores
La Concordia
Estacion de Concordia
Estación de Abando-Indalecio Prieto
Ripa Kalea
Areatzako Zubia
El Arenal
Pasealekua
Areatza
Epaltzaren Alarguntaren Kalea
Esperanza Kalea
Parroquia de San Nicolás de Bari
S. Nikolas Plazatxoa
Casco Viejo
Barrio La Cruz
Teatro Arriaga
Foru Kalea
Askao
Posta Kalea
Plaza Nueva
Erribera Kalea
Biblioteca Bidebarrieta
Bidebarrieta Kalea
Barria Kalea
Viktor Kalea
Jardines Kalea
Atxeirri Kobaren Kalea
Kapelagile Kalea
Plaza Miguel Unamuno
Museo de Pasos
Iturribide Kalea
Andra Maria Kalea
Palacio de Yohn o edificio de La Bolsa
Loteria Kalea
Banco España Kalea
Gerrikogin Kalea
Gurutze Kalea
María Muñoz Kalea
Museo Vasco
Naxa Kalea
Bailén
Muelle La Merced
Dorre Kalea
Pilota Kalea
Catedral de Santiago
Done Jakue Kalea
Barren Kalea
Artekale
Goienkale
Erronda Kalea
Solokoetxeko Eskailerak
Iciar Maisuaren Kalea
Alejandro de la Sota Kantoia
Dendarikale
Belostikale
Arategizar
Ría de Bilbao
Mena Kalea
Martzana
Museo de Reproducciones Artísticas
Mercado de la Ribera
Sorkunde
Zumarraga
Zabalbide Kalea
Mirasol Kondearen Kalea
Frantzisko Kalea
Gorte Kalea
Arechaga Kalea
Miribilla Kalea
Bilbo Zaharra Kalea
San Antón
Sonibane Plazatxoa
Ibeni Eskola Zehar Kalea
Antongo Zubia
Urazurrutiko Kaia
Atxuri Kaia
Basobidea
George Steer Kalea
Olano
Vitoria-Gasteiz Kalea
Cantarranas Kalea
Urazurrutia Kalea
Atxuri
Museo de Arte Sacro
S. Luis Meategiaren Kalea
Enkarnazio Kalea

18

PINTXOS
Berton 1
Gatz 3
Gure-Toki 5
Irrintzi 2
Plaza Unamuno 6

SE RESTAURER
Los Fueros 12
Mercado de la Ribera 2
Victor 3

PRENDRE UN VERRE
El Tilo de Mami Lou 1

Larralde 2
Turronería Adelia Iváñez 3

SHOPPING
Cesteria Alonso 8
Gregorio Martín 5
La Bendita 6
Matxi 4
Metxora 7
Serie B 3
Skunkfunk 1
Sombreros Gorostiaga 19
Zergatik 2

SORTIR
La Ribera 3
Teatro Arriaga 1

SE LOGER
Bilborooms 2
Hôtel Bilbao Jardines 1
Hôtel Sirimiri 4
Hotel Tayko Bilbao 10
Petit Palace Arana 3

Basilica de Begoña *(p. 33)* et au **Parque Etxebarria** ***GH4-5***, poumon vert de la ville et parmi les premiers signes de sa reconversion industrielle à la fin des années 1980 : on peut encore voir une cheminée de la fonderie qui se trouvait là autrefois.

PLAZA NUEVA★

G5 Entourée de portiques néoclassiques et de 64 arcades élevées au 19e s., elle compte de belles terrasses et des nombreux bars. La façade nord héberge le siège officiel de l'Euskaltzaindia, l'Académie de la langue basque, qui possède des antennes à St-Sébastien, Vitoria, Pampelune et, côté français, à Bayonne. Tout au long de la journée, la place est un endroit parfait pour faire une pause.

CATEDRAL DE SANTIAGO★

G6 *664 605 588 - http://catedralbilbao.com - 10h-20h (21h juil.-août) - 5 € (-18 ans 3,50 €) - visite de San Antón incluse.*
Érigé en cathédrale en 1950, l'édifice gothique, qui serait inspiré de l'église N.-D. de Caudebec-en-Caux (Normandie), date pour sa partie la plus ancienne du 14e s. Elle abrite notamment une statue de saint Jacques, patron de la ville, et de la Vierge de Begoña, patrone de la Biscaye. Les chapelles et le cloître furent construits au siècle suivant dans un style flamboyant, et le grand portail Renaissance élevé au 17e s.

IGLESIA SAN ANTÓN

G6 *Tlj sf dim. 11h-17h ; juil.-août : lun.-sam. 10h-14h, 16h-20h.*
Son plan et sa silhouette gothiques sont complétés par une façade Renaissance et une tour baroque. Elle fut édifiée au 15e s. à la place d'une tour défensive. L'intérieur abrite un retable plateresque de Guiot de Beaugrant.

MERCADO DE LA RIBERA★

G6 Marché de la Ribera

Lun. 8h-14h30, mar.-vend. 8h-14h30, 17h-20h, sam. 8h-15h - www. mercadodelaribera.biz.

Accolé à l'église, le marché de la Ribera occupe l'emplacement de la plaza Vieja. Construit en 1929, il compte 11 500 m² répartis sur deux niveaux, où les produits étaient autrefois regroupés par type, ce qui n'est plus le cas aujourd'hui. Sa surface en fait le marché couvert le plus important d'Europe.

On y trouve plusieurs « gastropubs » pour goûter sur place pintxos et en-cas de bonne qualité, ainsi qu'un club de jazz (*p. 83*).

Les amateurs d'art sacré peuvent ensuite remonter le Nervión en passant devant le pont de San Antón, où l'on prélevait autrefois le péage, pour rejoindre la plaza de la Encarnación *(voir page suivante Museo diocesano de arte sacro)*.

PALACIO DE YOHN O EDIFICIO LA BOLSA

G5-6 Palais de John, dit aussi Bâtiment de la Bourse

Pilota Kalea/calle Pelota, 10 - ✆ 944 163 188 - lun.-vend. 9h-21h30, sam. 9h-14h - fermé sam. en juil.-sept., Noël, Sem. sainte.

Aujourd'hui transformée en centre culturel, cette demeure baroque (18ᵉ s.) tire son premier nom d'un émigrant est-européen, Leandro Yohn. Son second lui vient de l'enseigne d'une entreprise de ferronnerie et de quincaillerie qui occupa un temps ses murs. Bref, jamais on n'y échangea la moindre valeur... Notez l'image de la Vierge de Begoña ornant la façade.

Sur la droite, la Txakur Kalea/calle del Perro mène à la **fontaine** du même nom construite, paraît-il, avec les pierres de l'ancien rempart.

BIBLIOTECA BIDEBARRIETA

G5 *Bidebarrieta, 4.* De style éclectique, ce bâtiment accueille aujourd'hui la bibliothèque municipale. Notez dans son hall la phrase interdisant l'entrée aux carlistes (façon de rappeler que Bilbao ne tomba jamais entre leurs mains !).

MUSEO DIOCESANO DE ARTE SACRO

Musée diocésain d'Art sacré

G7 *Pl. de la Encarnación, 9B - ✆ 944 320 125 - www.eleizmuseoa.com - ♿ - mar.-sam. 10h30-13h30, 16h-19h, dim. 10h30-13h30 - fermé 1er et 6 janv., 24, 25 et 31 déc. - 3 € (-18 ans 1,50 €), gratuit mar.*

Installé dans l'ancien couvent de l'Incarnation (16ᵉ s.), ce musée expose une remarquable collection d'orfèvrerie (admirez le calice en argent doré du 18ᵉ s. exposé dans un étui de 20 cm de haut) et un bel ensemble de Vierges à l'Enfant en bois du 12ᵉ au 15ᵉ s., dont une étonnante sainte Anne et la Vierge enfant en train de coudre. Le musée présente également des œuvres d'art religieux contemporain, comme le Christ Pantocrator en bronze de Vicente Larrea réalisé en 1973.

Done Jakue plaza, Casco Viejo.

P

EL ENSANCHE
0
100 m
N
Iberdrola
Palacio Euskalduna
Itsasmuseum
Parque de Doña Casilda de Iturrizar
Eduardo Chillida Pl.
Estadio de San Mamés
Gurtubay
INDAUTXU
S. Mamés
Indautxu
Azkuna Zentroa Alhóndiga Bilbao
Museo Taurino
Pl. de la Casilla
PARQUE AMETZOLA
Deustuibarra Erribera
Abandoibarra Etorb.
Ramón de la Sota Kaia
Euskalduna Zubia
Deustuko Zubia
José Anselmo Clavé Pasealekua
Rodriguez Arias Kalea
Poza Lizentziatuaren Kalea
Indautxu
Simón Bolívar Kalea
Pérez Galdós Kalea
Zankoeta Kalea
Autonomia Kalea
Felipe Serrate Kalea
Urkixo Zumarkalea
María Díaz Haroko Kalea
Zumarkalea
Gregorio de la Revilla Zumarkalea
Doktorearen
Areilitza
Juan Antonio Zunzunegui Etorbidea
Sabino Arana Etorbidea
Luis Briñas Kalea
Egia Jeneralaren Kalea
José María Escuza Kalea
Trenbideko
Pablo de Alzola Kalea
Gordoniz Kalea
Egaña
Marcelino Oreja Kalea
Iparraguirre Kalea
Urrutia Kalea
Santimami Zumarkalea
Labayru
Calixto Díez Kalea
Carmelo Gil Doktorearen Kalea
Enrique Eguren Kalea
Salazar Jeneralaren Kalea
Dolores Ibárruri Kalea
Santiago Brouard Kalea
Montevideo Etorbidea
Basurtuko Kaputxinoen Kalea
Gurtubay Kalea
Lekuona Margolariaren Etorbidea
Novia Salcedo Kalea
Félix Landín Doktorearen Kalea
Zugastinobia Kalea
Basurtuko Geltokiko
Basurtubekoa Kalea
Tellagorri
Olabeaga Kalea
Ventosa Bidea
Morgan Kalea
Ballets Olaeta Kalea
Botikazar Erribera
Arrospide Kalea
Jon Eraso Jeneralaren Kalea
Iruña Kalea
Maximo Agirre Kalea
García Rivero Maisuaren
Nagusia
Churruca
Evaristo
Brunet
4
11
12
13
14
15
17
22
7
9

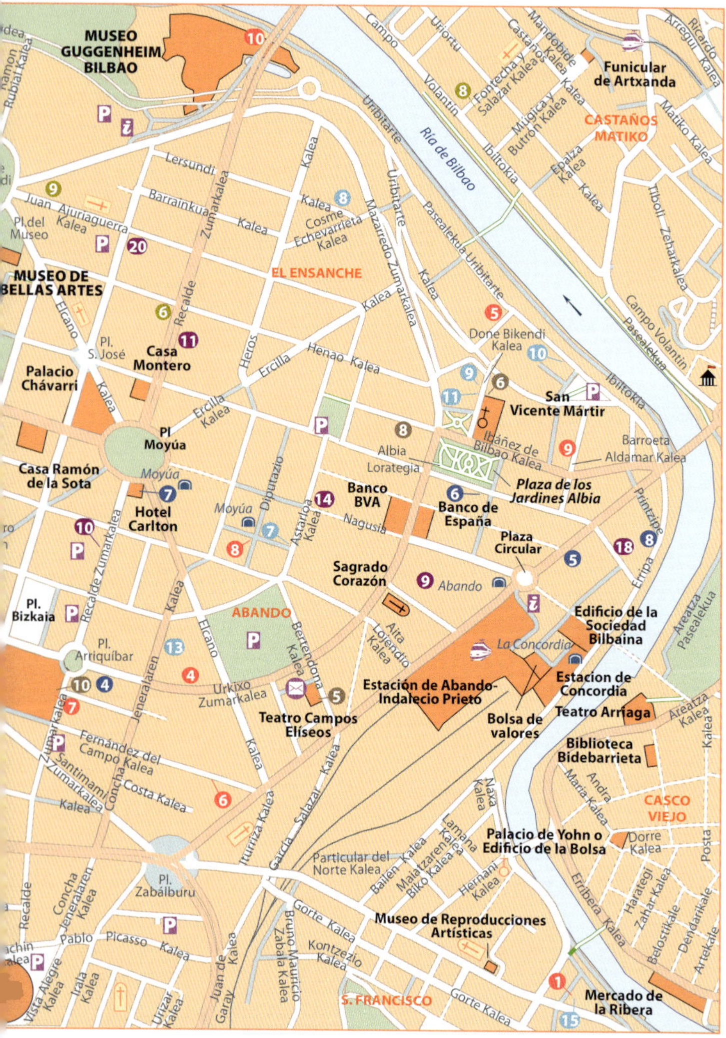
MUSEO GUGGENHEIM BILBAO
Funicular de Artxanda
CASTAÑOS MATIKO
Ría de Bilbao
EL ENSANCHE
MUSEO DE BELLAS ARTES
Pl. del Museo
Pl. S. José
Casa Montero
Palacio Chávarri
Pl Moyúa
Casa Ramón de la Sota
Hotel Carlton
Banco BVA
Banco de España
San Vicente Mártir
Plaza de los Jardines Albia
Plaza Circular
Sagrado Corazón
Abando
Pl. Bizkaia
Pl. Arriquíbar
ABANDO
Edificio de la Sociedad Bilbaína
La Concordia
Estación de Abando-Indalecio Prieto
Estacion de Concordia
Teatro Arriaga
Bolsa de valores
Teatro Campos Elíseos
Biblioteca Bidebarrieta
CASCO VIEJO
Palacio de Yohn o Edificio de la Bolsa
Pl. Zabálburu
Museo de Reproducciones Artísticas
Mercado de la Ribera
S. FRANCISCO
Gorte Kalea
Kontzezio Kalea
Pablo Picasso Kalea
Particular del Norte Kalea
Fernández del Campo Kalea
Costa Kalea
Urkixo Zumarkalea
Henao Kalea
Ercilla Kalea
Lersundi
Barrainkua
Juan Ajuriaguerra Kalea
Cosme Echevarrieta Kalea
Mazarredo Zumarkalea
Uribitarte
Campo Volantin Pasealekua
Ibáñez de Bilbao Kalea
Albia
Lorategia
Nagusia
Barroeta Aldamar Kalea
Done Bikendi Kalea
Dorre Kalea
Erribera Kalea
Areatza Pasealekua

PINTXOS
- Ambigú 9
- Blanco y Negro 15
- Cinnamon 11
- El EME 13
- El Globo 7
- El Huevo Frito 12
- Gaztandegi 14
- Singular 8
- Txocook 10

SE RESTAURER
- Atea 5
- Bascook 9
- Colmado Ibérico 4
- Dando la Brasa 1
- Etxanobe 11
- Garibolo 6
- La Viña del Ensanche/El Taller 8
- Nerua 10
- Yandiola 7

PRENDRE UN VERRE
- Baobab 8
- Café Iruña 6
- El Bunker 7
- Pastelería Don Manuel 4
- Pastelería New York 5

SHOPPING
- Arrese Gozotegia 14
- Bilbao Athletic Club Store 10
- El Cortes Inglés 9
- Librería Binario 20
- Loreak Mendian 12
- Minimil 11
- Narata 22
- No Name 13
- Pastelería Martina de Zuricalday 15
- Persuade 18
- Viandas de Salamanca 17

SORTIR
- Café Teatro Memorial 8
- Cotton Club 7
- El Teatro Campos Eliseos 5
- Kafe Antzokia 6
- La Terraza Yandiola 10
- Le Club 9
- Palacio Euskalduna Jauregia 4

SE LOGER
- Bilbao City Rooms 6
- Hesperia Bilbao 8
- Hotel Ercilla 7
- Hôtel Miró 9

El Ensanche★

L'Extension

Centre commerçant et financier de la ville, El Ensanche, littéralement l'Extension, est né dans le dernier quart du 19e s. après l'annexion par la municipalité du village d'Abando, face au cœur historique, qui multiplia par deux la superficie de Bilbao. Dans une métropole en pleine croissance, les belles avenues au tracé rectiligne se couvrirent de palais « néo » et de demeures Art nouveau dont on admire aujourd'hui les façades ornementées. C'est le quartier de prédilection des amateurs de shopping et de culture.

▶**Accès :** Sur la rive gauche du Nervión, par le pont d'El Arenal si vous venez du Casco Viejo. Gran Vía conduit à la place Moyúa, point de départ de cet itinéraire. ***Plan de quartier p. 22-23. Plan détachable.***
▶**Conseil :** Évitez de vous y promener le dimanche lorsque la plupart des boutiques sont fermées.
Nos adresses p. 64, 68, 74, 78, 83 et 87.

PLAZA MOYÚA★

E4 Cette belle place, reconnaissable à son terre-plein fleuri, porte le nom d'un maire de Bilbao. Elle est traversée d'est en ouest par la grande artère commerçante de la ville, **Gran Vía** Don Diego López de Haro, du nom du fondateur de Bilbao (en basque, Diego López Haroko Kale Nagusia, abrégé en Nagusia). On la surnomme également la « place elliptique » du fait de sa forme. De là, on peut apercevoir les monts Artxanda et le Pagasarri qui dominent la ville.
Hotel Carlton – À défaut de séjourner dans l'hôtel mythique de la ville, jetez un œil à la superbe verrière qui coiffe le hall ou prenez-y un verre (*p. 74*).
Palacio Chávarri – Dessinée par l'un des maîtres bruxellois de l'Art nouveau, **Paul Hankar** (1859-1901), cette demeure de style éclectique porte le nom de l'industriel pour lequel elle fut construite en 1894.
Prenez la deuxième rue à droite, Recalde Zumarkalea/Alameda de Recalde, et tournez à gauche à la première intersection, dans la rue Colón de Larreátegui.
Casa Montero (Maison Montero) – Parfois appelée « casa Gaudí » en raison de sa ressemblance avec certains immeubles conçus par le génial architecte catalan, cette maison fut réalisée en 1904 dans le style moderniste (appellation espagnole de l'Art nouveau) par un architecte très actif à Bilbao, **Luis Aladrén**. Vous ne manquerez pas d'admirer la richesse décorative des balcons.
Continuez sur la rue Colón de Larreátegui jusqu'à la prochaine intersection et prenez ensuite la rue Elcano en direction du Nervión.

Admirez au passage la **vue** sur le musée Guggenheim dans la perspective de la rue Iparraguirre.

MUSEO DE BELLAS ARTES★★★

E3-4 Musée des Beaux-Arts

Pl. del Museo, 2 - ☎ 944 396 060 - www.museobilbao.com - ♿ - tlj sf mar. 10h-20h (14h les 24 et 31 déc.) - fermé 1er et 6 janv., 25 déc. - 10 € (18h-20h et -25 ans gratuit, + 65 ans 8 €) - billet combiné avec le musée Guggenheim 20 €.

Il s'agit là d'une remarquable collection et d'un superbe musée, à taille humaine, que l'engouement justifié pour le musée Guggenheim ne doit en aucun cas occulter !

Situé à l'orée du parc Doña Casilda de Iturrizar, ce musée est né en 1945 de la réunion du premier musée des Beaux-Arts (1914) et du musée d'Art moderne (1924). Il comprend deux bâtiments, l'un construit en 1945 et l'autre dans les années 1960, reliés par une nouvelle structure, et auxquels va s'ajouter une nouvelle construction conçue par l'architecte Norman Foster (fin des travaix prévue pour 2021).

Au fil des salles réparties sur deux niveaux, le visiteur découvre l'art du 13e s. à nos jours selon un accrochage particulièrement original. En effet, c'est l'écrivain basque Kirmen Uribe qui, à la demande du musée, a imaginé un parcours où les salles suivent un ordre alphabétique : A comme Art, B comme Bilbao, C comme Citoyen, D comme Désir... Un pari risqué mais vraiment réussi, qui met en lumière les correspondances thématiques et stylistiques entre des toiles d'époques très éloignées.

Le long des salles d'un blanc immaculé, nombre d'**artistes espagnols** sont représentés : Le Greco (*Annonciation*, v. 1596), Murillo (*Saint Pierre en larmes*, v. 1650), Ribera (*Saint Sébastien*, v. 1621), Zurbarán (*Vierge à l'Enfant,* 1662), Goya *(Portrait de Martin Zapater*, 1797). Le musée conserve aussi une importante collection de tableaux de **Sorolla**, proche des impressionnistes, des peintures d'**artistes basques** comme José Arrue (1885-1977), auteur de scènes locales typiques et d'une grande précision, ou de Aurelio Arteta (1879-1940), le premier directeur du musée d'Art moderne, intéressé par le réalisme social et la vie quotidienne.

Parmi les peintres étrangers, Martin de Vos est représenté avec *L'Enlèvement d'Europe* (1590), tableau où se lit l'influence du Titien qui avait peint le même sujet en 1560 ; de l'Américaine Mary Cassatt, on découvre *Femme assise avec un enfant dans les bras* (v. 1890), délicat portrait intimiste ; de Gauguin, on apprécie *Les Laveuses à Arles* (1888), aux couleurs vives et aux formes presques abstraites.

Quant à l'art contemporain, la collection comprend des œuvres d'artistes espagnols, tels Solana, Vázquez Díaz, Jorge Oteiza, Chillida, Tàpies, Miquel Barcelò, ou, pour la jeune génération, Gortazar par exemple, et également d'artistes étrangers (Delaunay, Léger, Bacon, Hockney, Alechinsky, Kapoor, etc.). Une proposition innovante qui apporte à l'histoire de l'art un regard frais et inspirant.

PARQUE DOÑA CASILDA DE ITURRIZAR

D3-4 Ce parc, dessiné entre 1912 et 1920, doit son nom à la veuve d'un banquier, connue pour ses bonnes œuvres. Ombragé et odorant, il ménage d'agréables surprises comme cette pergola, où sont régulièrement organisés des événements culturels en été, ou encore la fontaine cybernétique agrémentée d'un son et lumière.
Quittez le parc par le sud pour déboucher sur la plaza Sagrado Corazón de Jesús. Itsasmuseum se trouve en contrebas, sur les rives du fleuve.

ITSASMUSEUM★

D3 Musée maritime de la ría de Bilbao

Ramón de la Sota Kaia (Muelle), 1 - ✆ 946 085 500 - www.itsasmuseum.eus - avr.-oct. : tlj sf lun. 10h-20h ; nov.-mars : mar.-vend. 10h-18h, w.-end 10h-20h - 6 € (-6 ans gratuit) - mar. gratuit.
Fort de ses 7 000 m², ce musée aborde de façon didactique et parfois ludique (parcours dédié aux enfants) ce que fut l'activité maritime, commerciale et industrielle du port de Bilbao, sans oublier celle de ses chantiers navals (le musée donne d'ailleurs sur les digues des anciens chantiers navals – *astilleros* en espagnol – Euskalduna). Des explications en français apportent un intelligent contrepoint à la visite.
Le rez-de-chaussée se concentre sur le développement de la *ría*, avec un film en 3D *(plusieurs langues disponibles)* et le rappel du travail d'**Evaristo de Churruca** (1841-1917), ingénieur qui aménagea l'estuaire au 19e s. Remarquez les chaloupes de sauvetage, les photos aériennes, le mur lumineux dédié aux activités humaines et l'**épave d'Urbieta★** (15e s.) mise au jour en 1998 dans l'estuaire de Guernica ; des panneaux expliquent sa restauration. Une **barge de parade**, longue de 13,92 m, telle celle du consulat de Bilbao au 17e s., a été fidèlement reconstituée. On peut monter à bord et, grâce à un écran, avoir l'impression de naviguer sur la *ría* dans le Bilbao d'aujourd'hui.
Le second niveau présente l'activité engendrée par les ports de commerce, industriel et le chantier naval. Le marché de San Antón et la salle du Consulat qui régentaient l'activité marchande sont ainsi reconstitués. Une grande carte murale interactive permet de suivre les routes commerciales de différentes époques. D'autres espaces traitent de l'industrialisation de la ville, de la cartographie, de la navigation à voile, de la construction navale moderne, avec de belles maquettes et des rouleaux de plans.
À l'extérieur, le voilier *Euskadi* qui boucla le Vendée Globe en 1993, un bateau de sauvetage de 1980, un bateau de pêche en bois de 1958 *(Nuevo Antxustegui)* et un remorqueur de 1928 (ouvert au public) complètent la visite.
En sortant, dirigez-vous vers le nord, en direction de la plaza Sagrado Corazón de Jesús. La masse du palais des Congrès et de la Musique vous fait face.

PALACIO EUSKALDUNA DE CONGRESOS Y DE LA MÚSICA

Palais des congrès et de la musique

D3 *Abandoibarra, 4 - ✆ 944 035 000 - www.euskalduna.net - visite guidée du bâtiment sam. 12h, 2 € - spectacles,* *p. 83.*

Dessiné par les architectes **Federico Soriano** et **Dolores Palacios** (1999), ce bâtiment de verre, de béton et de métal est l'un des fleurons architecturaux du nouveau Bilbao. L'une de ses façades, tapissée de fer rouillé, évoque les constructions navales qui occupaient autrefois le site. Autre souvenir des chantiers navals, **Carola**, la superbe grue rouge, qui s'élève de l'autre côté du pont. Une promenade mène le long des berges du Nervión, aménagées en agréables jardins. En remontant vers le Guggenheim, vous passerez devant des sculptures contemporaines, hommages au passé maritime de la ville. En traversant le fleuve, magnifique **vue★** sur la « fleur de titane ».

CASA RAMÓN DE LA SOTA

E4 Maison Ramón de la Sota

Nagusia/Gran Vía, 45. Ne se visite pas. Admirez cet impressionnant ensemble d'immeubles, identifiables à leur avant-toit très basque et à leur style éclectique aux influences cantabriques. Datant de 1919, ils furent dessinés par Manuel María Smith pour l'entrepreneur et homme polique Ramón de la Sota qui voulait créer tout un pâté de maisons d'habitations destinées à la bourgeoisie. Les lieux abritent aujourd'hui bureaux, locaux commerciaux et logements.

Tournez dans la rue Iparraguire.

PLAZA DE VIZCAYA

E5 Elle est bordée par l'Azkuna Zentroa et des immeubles Art nouveau, à l'angle de la rue Poza Lizentziatuaren ainsi qu'au n° 42 de la rue Iparraguire. En face, les bâtiments de verre sont des édifices publics.

Bilbao Art District

*Il ne s'agit pas vraiment d'une zone circonscrite mais plutôt d'un concept. ZAWP (Zorrotzaurre Art Work in Progress) est une initiative semi-publique née en 2013 avec pour objectif la promotion de l'identité artistique d'une ville qui se réinvente sans cesse et dans laquelle ont poussé constructions modernistes, œuvres d'architectes tels que Pelli, Isozaki, Ferrater, Gehry, Calatrava, et sculptures d'artistes tels que Chillida, Koons, Kapoor. La partie située au nord du palais des Congrès et de la Musique, l'**Abandoibarra**, ancien site d'activités portuaires où se dessine le Bilbao de demain, en fait partie. Les rues au nord et à l'est de la place Euskadi, dominée par l'emblématique **tour Iberdrola** (C. Pelli, 2012), abritent plusieurs galeries d'art et boutiques de design (**p. 80**). N'hésitez pas à flâner pour y faire d'intéressantes découvertes. www.bilbaoartdistrict.com.*

AZKUNA ZENTROA ALHÓNDIGABILBAO

***E5** Pl. Arriquíbar, 4 - ✆ 944 014 014 - www.azkunazentroa.eus - lun.-vend. 7h-23h, w.-end 8h30-23h; terrasse juin-sept. : 9h-22h - fermeture de la piscine 3 sem. en août. Entrée libre dans le complexe - billet piscine, solarium, salle de sport : 10,90 € - expositions temporaires : entrée libre ou à partir de 3 € - expositions, ateliers pour enfants, concerts...*

Construits en 1909 par Ricardo Bastida dans un style éclectique, ces chais municipaux aux allures de château ont fait l'objet d'une somptueuse réhabilitation conduite par le créateur français **Philippe Starck** en 2010. L'édifice prit ce nom (Azkuna Zentroa) en 2015, en hommage à l'ancien maire de la ville. En sus des activités et expositions proposées, la vue d'ensemble de cette réalisation architecturale novatrice vaut le coup d'œil. Tout en conservant intacte la façade, l'intérieur a été intégralement vidé et aménagé comme un espace de vie urbain.

Éclairé par la lumière du jour, un soleil sur écran géant et d'intéressants jeux d'illuminations, le grand atrium de l'entrée est entouré de trois bâtiments indépendants en brique, soutenus par un ensemble de 43 colonnes représentant chacune une civilisation et une époque. En levant la tête, on peut voir les nageurs évoluer dans la piscine du dernier étage.

Le complexe abrite sur 43 000 m² plusieurs espaces d'expositions temporaires, une salle de sport,

Axiom/hemis.fr

Détail du vitrail de Estación de Abando-Indalecio Prieto.

une médiathèque, deux restaurants (terrasse avec belles vues pour celui du 3e étage) et une cafétéria, un cinéma, une salle de spectacle, un auditorium, etc. (*p. 69 et p. 84*). *Continuez sur Urkixo Zumarkalea/ calle Alameda de Urquijo. Parvenu à l'Instituto Media (à gauche) et au bâtiment en brique (à droite), tournez à droite dans la rue Bertendona.*

TEATRO CAMPOS ELISEOS

Théâtre des Champs-Élysées

F5 Appelé aussi « la Bonbonnière » *(Bombonera)*, ce théâtre, réalisé en 1902, arbore une belle façade Art nouveau aux détails de mosaïque.

Rejoignez Urkixo Zumarkalea/calle Alameda de Urquijo par Lutxana Kalea/calle de Luchana.
Vous aboutirez devant l'église néogothique **del Sagrado Corazón** (du Sacré-Cœur), de 1891.
Rejoignez Gran Vía.
Au nº 10 se dresse la façade néoclassique du **Banco de España** (1923), qui fait concurrence aux colonnes corinthiennes et au dieu Mercure du **Banco BVA** (1922) tout proche.

PLAZA CIRCULAR

F5 Une colonne surmontée d'une statue en hommage à **Don Diego López de Haro**, fondateur de la ville, trône au centre de cette place circulaire.

Dans ses abords immédiats se trouvent quelques bâtiments parmi les plus importants d'El Ensanche mais également l'office de tourisme (au nº 1, *voir p. 97*).
Estación de Abando-Indalecio Prieto (Gare d'Abando-Indalecio Prieto) – *Hurtado de Amézaga.* Un grand vitrail de 301 pièces illustrant les différentes activités économiques de la Biscaye égaie depuis 1948 le hall de cette gare. Elle devrait accueillir dans un avenir plus ou moins proche la ligne ferroviaire à grande vitesse reliant les trois capitales du Pays basque espagnol, projet qui ne fait pas l'unanimité.
Bolsa de Valores (Bourse) – *José María Olavarri, entre la gare d'Abando et celle de Santander, près du Nervión.* Bâtiment inauguré en 1905 pour abriter la Bourse de valeurs. Ses sous-sols servirent de prison pendant la guerre civile.
Estación La Concordia (Gare La Concordia) – *Le long du Nervión.* Œuvre de Severino de Achúcarro (1898), elle témoigne des constructions de la Belle Époque qui incorporaient le fer dans leurs structures.
Edificio de la Bilbaina – *Juste avant le pont d'El Arenal, sur la droite, contre la gare de Santander.* Cet immeuble d'angle, édifié en 1913 d'après les plans d'Emiliano Amann y Amann dans un style inspiré de la Sécession viennoise, abrite un club privé très select, organisé sur le modèle anglais.
Retournez pl. Circular, puis prenez Gran Vía et la première à droite, la rue Berástegui.

JARDINES ALBIA

F4 Ces jardins joliment arborés abritent la statue de l'écrivain biscayen **Antonio de Trueba** (1819-1889), auteur de contes populaires et de récits évoquant le monde paysan. La place est bordée du palais de justice, de l'église de **San Vicente Mártir** (16e s.) où repose l'homme de lettres, et du fameux **Café Iruña** (*p. 74*) à la décoration néomudéjare.

Alhondiga building, design intérieur de Philippe Starck.

Az

Hors du centre

Des hauteurs de Bilbao la Vieja au Bilbao de demain et au faubourg de San Mamés, d'autres curiosités attendent les visiteurs qui auraient plus de temps à consacrer à la découverte de la ville ou des intérêts pour la tauromachie, le football, l'architecture...

▶**Accès :** Tout est accessible à pied depuis le centre.
Plan détachable.

MUSEO DE REPRODUCCIONES ARTÍSTICAS

Musée des Reproductions artistiques

F6 *San Frantzisko, 14 - ✆ 944 157 673 - www.bilbokoberreginenmuseoa.eus - mar.-sam. 10h-13h30, 16h-19h, dim. 10h-14h - 3 € (jeu. et -12 ans gratuit).*

Créé en 1927 afin que les citoyens de Bilbao puissent apprécier cette collection de chefs-d'œuvre de l'art classique, ce musée installé dans l´ancienne église del Corazón de María, construite à la fin du 19e s. dans un style néogothique, permet d'admirer des copies exactes de la *Frise des Panathénées* du Parthénon, du *Moïse* de Michel-Ange, de la *Vénus de Milo* ou encore de la *Victoire de Samothrace*. Le musée n'est pas grand mais abrite des collections importantes qui par leur qualité en font l'un des meilleurs dans son genre.

FUNICULAR DE ARTXANDA - PANORAMA★★

G3 *Pl. Funikularreko, sur la rive droite de la ría, parallèle au Campo de Volantín Pasealekua - ✆ 944 454 966 - www.bilbaoturismo.net - lun.-sam. 7h15-22h, dim. 8h15-22h (23h juin-sept.) - ttes les 15mn - durée 3mn - AS 2,50 €, AR 4,30 € (-8 ans 0,32 €).*
Inauguré en 1915, il conduit au sommet de cette colline qui domine la ville depuis la rive droite. On y accède à partir du musée Guggenheim en suivant le Nervión que l'on franchit par la passerelle Zubizuri (« le pont blanc »), dessinée par **Santiago Calatrava**. **Panorama** à couper le souffle sur le Nervión, le Guggenheim et la vaste étendue de Bilbao.

MUSEO TAURINO

Musée Taurin

E6 *Pl. de Toros de Vista Alegre, Martín Agüero, 1 - Ⓜ Indautxu - ✆ 944 448 698 - www.plazatorosbilbao.com - été : mar.-vend. 10h-18h, sam. et lun. 10h-14h - janv. et fév. : lun.-vend. 10h-13h30 ; reste de l'année, lun.-jeu. 10h-13h30, 16h-18h - fermé w.-end, j. fériés et 3-5 déc. - 10 € avec audioguide.*
Partout en Espagne, la tauromachie rencontre depuis des années une désaffection grandissante de la plus grande partie de la société, quand

ce n'est pas carrément l'opposition farouche des mouvements antitaurins. Pour les aficionados, la série des « corridas générales » de la Semana Grande de Bilbao constituent, avec les ferias de Séville et de Madrid, l'un des trois rendez-vous majeurs de la saison espagnole. Installé dans les dépendances des arènes, ce musée retrace, à l'aide d'affiches et de documents, l'histoire de la tauromachie à Bilbao, et plus généralement en Biscaye, ainsi que celle des grands maîtres qui s'y sont distingués.

BASILICA DE BEGOÑA

H5 *Begoñako Andra Maria/Virgen de Begoña, 38 - ✆ 944 127 091 - lun.-sam. 8h30-13h30, 17h-20h30 ; dim. ouv. pdt la messe.*
Accès en voiture par la route de St-Sébastien (avenida de Zumalacárregui) ou à pied, par les escaliers de la Mallona, depuis la plaza Miguel Unamuno. À la sortie du parc de Mallona, suivez la rue principale, à droite, qui mène directement au sanctuaire.
La statue de Notre-Dame (Andra Maria) de Begoña, patronne de la Biscaye, est conservée dans un *camarín* (niche) en argent, au-dessus du maître-autel. Du sommet de l'église, érigée essentiellement au 16e s., panorama sur Bilbao.

ESTADIO DE SAN MAMÉS

Stade San Mamés

C4 Ⓜ *Indautxu - www.bilbaostadium.com, www.athletic-club.eus - visite guidée du stade (ttes les 30mn.) mar. et jeu-dim. 10h30-18h, merc. 10h30-12h30 ; musée mar.-dim. 10h-19h - 14 € (10 € musée seult).*
Cent ans après la construction du premier stade San Mamés, la nouvelle arène dédiée au football de l'Athletic Bilbao voit le jour en 2013 au même emplacement. Réalisé par l'architecte César Azcárate et d'une superficie de 21000 m², il peut accueillir plus de 53000 spectateurs. Boutique, restaurant et un **musée** ultramoderne qui ravira les passionnés de football, mais pas que ! Retraçant l'histoire de l'équipe locale, c'est finalement une partie de l'âme de Bilbao qui se dévoile au visiteur.

ZORROZAURRE

AB1-3 L'ouverture du canal a transformé cette presqu'île artificielle, ancienne friche industrielle ancrée à l'ouest de la ville, en une île. Le projet, inspiré de celui de l'architecte britannique d'origine irakienne Zaha Hadid, disparue en 2016, prévoit une réhabilitation totale en quartier d'habitations, zones de commerces et de bureaux. Pour l'heure, des associations culturelles (telles ZAWP et Espacio Open) ont déjà investi les lieux et font vivre le site par leurs animations, spectacles, concerts et vides-greniers *(tous les dimanches matin)*. Long de 75 m et large de 30, le nouveau **pont Frank-Gehry** (Guillermo Capellán et Héctor Beade, 2015), baptisé en l'honneur de l'architecte du musée Guggenheim, relie déjà le quartier de **Deusto** à Zorrozaurre. www.zawp.org ; www.espacioopen.com

À proximité

Il ne faut pas aller bien loin de Bilbao pour quitter l'ambiance citadine et se trouver les pieds dans l'eau ! La région conserve aussi des témoignages de son passé industriel, des visites qui intéresseront petits et grands.

▶**Accès :** Voir sous chaque lieu décrit.
Voir la carte dans le deuxième rabat de la couverture.
▶**Conseil :** Évitez Getxo en fin de semaine car les plages sont très fréquentées et la circulation devient intense.

GETXO

▶ *À 16 km au nord-est de Bilbao, le long de l'estuaire.*
M Areeta, Blzkaibus 3411.
Embouteillages fréquents en fin de journée.

Playa de Ereaga - ✆ 944 910 800 - www.getxo.eus.
Cinq quartiers composent cette commune accolée à Bilbao, sur la rive droite du Nervión. De son embouchure en direction de l'est et de Gorliz, vous traverserez ou longerez las Arenas, Romo, Neguri, Algorta et Andra Mari. Sur place, repérez-vous aux noms des quartiers.

Plages

Trois d'entre elles sont presque en ville : **las Arenas**, la plus petite, est à deux pas de l'embouchure (M Areeta), **Ereaga**, plus vaste, est déjà agréablement isolée du bâti (M Neguri), et **Arrigunaga**, entre le vieux port et Andra Mari (M Bidezabal). Les autres se trouvent au-delà d'Andra Mari, dans un environnement plus sauvage : **Gorrondatze-Azkorri** (Bizkaibus 3411), entourée de falaises et de magnifiques dunes herbeuses, et **Barinatxe-La Salvaje**, connue pour sa forte houle et ses falaises abruptes (M Larrabsterra).

La « ría » et le Grand Bilbao

La « ría » de Bilbao (ou du Nervión) est l'embouchure que forme le système du Nervión et de l'Ibaizabal, là où les cours d'eau se jettent dans la mer Cantabrique, c'est-à-dire le sud du golfe de Gascogne (golfe de Biscaye en castillan). C'est le premier port fluvial du pays pour le trafic de marchandises. Depuis 1945, « le Grand Bilbao » réunit les communes qui la bordent de Bilbao à Getxo. Les industries se concentrent sur la rive gauche à Baracaldo, Sestao, Portugalete, d'où part le pont transbordeur construit en 1893, et à Somorrostro (raffinerie de pétrole). Santurtzi, port de pêche, est connu pour ses sardines. Sur l'autre rive, la ville d'Algorta, plus aérée, présente un caractère plutôt résidentiel, tandis que Deusto est célèbre pour son université.

J.D. Beldarrain/age fotostock

La promenade de Gexto avec la tour-phare.

★*Puerto viejo (Vieux port)*

Autrefois très actif, ce petit quartier blanc et tout en escaliers, très pittoresque, attire aujourd'hui les amateurs de *poteo* (tournée des bars à pintxos) qui s'assoient sur les marches pour contempler les avions à l'approche dans le soleil couchant.

Paseo (Promenade)

Garez-vous au-delà du vieux port ou au parking de la plage d'Ereaga - Comptez 2h AR.

Ce front de mer donne tout son sens au mot « promenade », en particulier en fin de journée, lorsqu'un flot élégant de passants l'envahit. Il commence (ou se termine) au vieux port, passe devant la plage d'Ereaga où se trouve l'office de tourisme, puis emprunte le boulevard Arriluze bordé par la casa de Náufragos (maison des Naufragés), avec sa **tour-phare** (1920), que surplombent des habitations modernes et trois **villas** de la **Belle Époque** : le palais Arriluze, le caserio Aizgoyen et le palais Lezama Legizamón (1902).
Tournant ensuite à angle droit, il longe encore l'eau et des maisons au genre un peu hétéroclite, dont la **casa Cisco** (1909-1911) de style nordique, signée Manuel María Smith, le palais Kai-Alde (1925) du même architecte et le palais Itxas Begi (1927) aux influences basque et anglaise.
Le front de mer aboutit enfin à la plage de las Arenas et au

monument Churruca, symbolisant le combat entre la mer et la terre. Réalisé en 1939, il a été érigé en hommage à l'ingénieur qui avait travaillé à l'aménagement du port extérieur. De là, on peut admirer le pont transbordeur et le dôme de **Nuestra Señora de las Mercedes** (1947), qui abrite l'orgue le plus imposant du Pays basque.

★Puente Colgante/Bizkaia (Pont transbordeur de Biscaye)

M Areeta (ligne 1) - ✆ 944 801 012 - www.puente-colgante.com - barque : tlj 24h/24 - ascenseurs : 10h-20h (hiver 19h) - barque : piéton AS 0,45 € (-3 ans gratuit) ; voiture AS 1,65 € ; vélo AS 0,80 € - passerelle : 9 € (10,50 € avec audioguide, 5-15 ans 7 €).

Enjambant le Nervión, l'ouvrage fait figure de porte d'entrée de la Biscaye. Il s'agit du pont transbordeur le plus ancien au monde. Contemporain de la tour Eiffel, cette œuvre d'**Alberto de Palacio** et Ferdinand Arnodin, fut inaugurée en 1893 et a transporté depuis plus de 650 millions de personnes jusqu'à **Portugalete**, sur la rive opposée. L'édifice fut inscrit au Patrimoine mondial de l'humanité par l'Unesco en 2006.

Une **passerelle panoramique** piétonne de 160 m de long *(ascenseur)* permet de contempler tout l'estuaire d'une hauteur de 50 m. De là, vous assisterez peut-être à des sauts à l'élastique ! Par ailleurs, une nacelle suspendue à un chariot de 25 m de longueur se déplace d'un bout à l'autre du pont.

Aquarium

Algorta Kaia/Muelle de Arriluce - ✆ 944 914 661 - M Neguri (ligne 1) - www.getxoaquarium.es - mar.-dim. 10h30-14h, 16h30-20h - 3,25 € (4-14 ans 2,15 €).

Les 26 aquariums du lieu présentent la vie des eaux atlantiques et des eaux tropicales à travers la reconstitution de différents milieux et des espaces thématiques.

GALLARTA

Museo de la Minería del País Vasco (Musée de la Mine du Pays basque)

▶ *À 20 km à l'ouest de Bilbao.*

En voiture : *suivez Balmaseda et Santander pour rejoindre l'A 8. Sortez à Gallarta, puis suivez la signalisation. Parvenu au village (au stop, prenez à droite), traversez-le.*

En bus : *A3336 depuis la gare de Bilbao-Abando.*

Le musée se trouve presque à la sortie du village, dans la descente en virage qui mène au pôle industriel (dir. Olluerta).

Campodiego, 3 - ✆ 946 363 682 - www.meatzaldea.eus - mar.-vend. 9h-14h, 16h-19h (20h en juil.-août), sam. 11h-14h, 16h-19h (20h en juil.-août), dim. 11h-14h30 - fermé 1er et 6 janv., 25 déc.- 4 €.

Ce musée est établi dans les abattoirs du bourg de Gallarta, attaché à l'ancienne mine à ciel ouvert de Bodovalle (fermée en 1993). Il explique par des photos, des objets et des panneaux, les transformations techniques, environnementales et

humaines que l'exploitation minière a opérées dans les communes qui en vivaient en Biscaye. L'activité employait dans la région jusqu'à 13 000 personnes par an. Une nouvelle extension relie le musée à l'ancienne mine pour former un parcours thématique complet.
Continuez jusqu'à Muskiz.
En voiture : *prenez la N-634, à la sortie de Gallarta, en direction de Ambrosio de los Heros Iribidea. Traversez Muskiz et prenez la direction de Sopuerta, la route BI 2701. Laissez le village par Santelices et quelques kilomètres après, se trouve un parking.*
En bus : *A3336 depuis la gare de Bilbao-Abando.*

MUZKIZ

Ferrería de El Pobal (Forge d'El Pobal)

629 271 516 - www.elpobal.com - de mi-avr. à mi-oct. : mar.-sam. 10h-14h, 16h-19h, dim. 10h-14h ; de mi-oct. à mi-avr. : tlj sf lun. 10h-14h - fermé 1er et 6 janv., 25 déc. - 3 € (12-26 ans 2 €) - démonstration + visite guidée (1h30) sam. 12h, 5 €.
Un vallon verdoyant où coule une rivière, un sentier menant à des maisons de pierre et des salles ensoleillées : voilà le site poétique de l'ancienne forge de Pobal, construite au 16e s. par la puissante famille des Salazar. Le corps de logis, le four à pain, le moulin et la forge, tous ces bâtiments sont tels qu'ils étaient à la fin du 19e s. Le barrage, le canal et le tunnel hydraulique datent, quant à eux, du 18e s. La forge (inactive depuis 1965) produisait socs de charrue, armes, lames, etc. Les stocks de charbon et les outils sont toujours prêts à l'emploi pour les démonstrations. Si vous les manquez, guides et brochures éclaireront quand même votre visite.

PARQUE NATURAL DE ARMAÑÓN

À env. 30 km à l'ouest de Bilbao.
En voiture : *depuis Bilbao, prendre la BI-636 puis la BI-3602 en direction de Karrantza.*
www.visitenkarterri.com
Ce grand parc naturel, à la frontière avec la Cantabrie, déploie un superbe paysage karstique où les massifs pierreux surplombent des forêts verdoyantes. Point culminant de la région, le sommet d'Armañón (854 m) réserve des vues inoubliables. Ce territoire est par ailleurs parcouru par plus de 200 grottes et gouffres.
Cueva de Pozalagua (grotte de Pozalagua) – *À Karrantza - 649 811 673 - www.cuevadepozalagua.eus - de mi-juil. à mi-sept., Pâques et Noël : mar.-dim. 11h-19h ; reste de l'année : w.-end seult ; fermé 1er et 6 janv., 18 sept., 24, 25 et 31 déc. ; 7 € (- 8 ans gratuit).* Découverte accidentellement en 1957, cette véritable cathédrale souterraine est surtout célèbre pour ses ensembles de **stalactites★** excentriques qui, défiant les lois de la gravité, créent des figures sinueuses et poétiques. Le visiteur avance parmi d'immenses coulées de pierre pour finir sur un belvédère, duquel il peut apprécier la beauté saisissante du lieu.

St-Sébastien aujourd'hui

Avec son cadre idéal (une large baie de sable fin encadrée de collines verdoyantes), St-Sébastien – Donostia en basque – séduit par la beauté de son site, qui s'ouvre sur la magnifique baie de la Concha. La « perle du Cantabrique » (env. 185 000 habitants) apparaît alors avec son riche patrimoine architectural et son cadre de vie privilégié.

Un peu d'histoire

L'importance du port de St-Sébastien s'est affirmée tout au long du Moyen Âge. Située à seulement quelques kilomètres de la frontière avec la France, la petite cité devient avec le temps une place militaire de premier ordre. Incendiée à plusieurs reprises, elle a été presque anéantie lors du dernier grand feu de 1813, pendant la Guerre d'Indépendance espagnole. C'est alors qu'un plan de reconstruction propulse la ville dans le nouveau siècle et la prépare pour la **Belle Époque** : riches et puissants accourent des quatre coins de l'Europe, attirés par la présence de la famille royale. En effet, ce cadre sublime a séduit la reine Marie-Christine, qui décide d'y emmener la cour tous les étés, transformant ainsi la ville en station balnéaire chic et raffinée. Des palais sont construits, un casino ouvre ses portes, la mode des bains de mer bat son plein… et le surnom « petit Paris » fait son apparition. La ville brille comme un joyau, séduisant la jet-set et les têtes couronnées.

Le souvenir de cette période d'opulence hante encore l'ancien casino (aujourd'hui hôtel de ville) ou le palais de Miramar, qui surplombe la baie. Aujourd'hui, le festival international du Film continue d'apporter tous les ans sa dose de glamour et de stars.
Mais la ville s'est aussi intéressée à la **modernité** et à l'expérimentation artistique et architecturale, en accueillant des œuvres d'avant-garde ou en nourrissant une vie culturelle vibrante. Ce n'est pas par hasard si elle a été élue capitale européenne de la culture en 2016.

Quartier par quartier

Côté plage, il faut se balader, à l'aurore, sur la célébrissime promenade de la Concha, pour contempler le défilé des joggeurs et les intrépides qui se baignent tout au long de l'année. D'aucuns classent la plage de la Concha parmi les plus belles du monde. Une chose est sûre : c'est l'emblème de la ville et elle attire des milliers de visiteurs chaque année. À l'extrémité occidentale de la baie, l'ambiance de la plage d'Ondarreta est familiale et bon enfant, même si un vent de modernité souffle autour du *Peine del Viento*, œuvre du sculpteur Eduardo Chillida accrochée aux rochers. À l'autre bout de la Concha, de l'autre côté du fleuve Urumea, des surfeurs en néoprène s'acharnent à dompter les vagues de la plage de Zurriola, aux airs californiens.

Côté ville, la **Parte Vieja** et el Centro conservent fièrement les traces de l'Histoire. La vieille ville, ou tout simplement Lo Viejo, comme l'appellent les Donostiarras, conserve le charme du passé dans ses façades colorées et sous les arcades de ses places. Passé le Boulevard, le quartier du **Centro** éblouit par la beauté de ses immeubles Art nouveau. C'est le quartier du shopping. Ce secteur constraste avec le quartier populaire de **Gros**, dont l'esprit branché et avant-gardiste se manifeste sous les formes géométriques du Kursaal et du centre culturel Tabakalera, qui ont revitalisé ce secteur de la ville.

À table !

Et puis il y a la **gastronomie**. St-Sébastien est la capitale incontestée du renouveau de la cuisine basque. Les chefs honorent la qualité des produits des terroirs locaux, et ne cessent de pousser les limites de la créativité. Une pluie d'étoiles Michelin (17 pour la ville et ses environs, soit une des plus hautes concentrations dans le monde) témoigne de l'importance de ce patrimoine exceptionnel.

Le soir, les Donostiarras reprennent possession de leur ville, quand ils s'accoudent entre amis aux comptoirs des bars, un verre de txakoli, le cidre local, à la main. Si les ruelles de la vieille ville attirent toujours une clientèle fidèle, c'est surtout dans les quartiers de Gros ou, de l'autre côté de la baie, d'Antiguo que les locaux aiment s'adonner au rituel du « poteo », c'est-à-dire faire la tournée des bars à pintxos.

Difficile alors de se décider devant la profusion de pintxos, ces succulentes bouchées typiquement basques, composées d'une tranche de pain sur laquelle tient en équilibre un échafaudage d'aliments, rivalisant de couleurs, de saveurs et de textures.

Ville chic, innovante et dynamique, à l'esprit parfois bourgeois et toujours élégant, Donostia, ou « Sanse » comme l'appellent affectueusement les Espagnols et les Aquitains, a su cultiver un art de vivre décontracté et épicurien.

Une ville, trois plages, trois monts, mille surprises.

Organisation de la ville

La baie de la Concha structure la ville. Quand on est face à la mer, on trouve à gauche le mont Igueldo et à droite le mont Urgull. Le port se situe au pied du mont Urgull. La vieille ville est coincée entre la baie et l'estuaire du rio Urumea. El Centro déploie ses avenues rectilignes derrière la vieille ville (le Boulevard marque la frontière entre les deux quartiers). De l'autre côté de la rivière se situe Gros, quartier populaire qui héberge Kursaal et la plage de Zurriola. Enfin, le petit quartier d'Ondarreta se développe derrière la plage du même nom, entre le mont Igueldo et le parc de Miramar.

Baie de la Concha ★★★

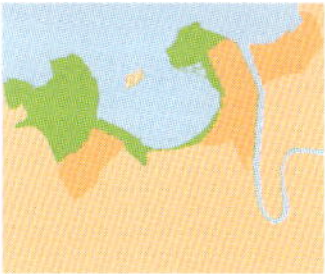

Un amphithéâtre face à la mer, flanqué de deux monts et ponctué d'un îlot escarpé : la baie de la Concha enlace de sa courbe presque parfaite la mer Cantabrique. La promenade éponyme, doublée d'une magnifique plage de sable doré protégée par une rambarde Art nouveau, s'étire de l'hôtel de ville jusqu'au parc Miramar, témoin des villégiatures de la famille royale. Le matin, les Donostiarras font du jogging pendant que les touristes se prennent en selfie. À la tombée du jour, la baie s'enflamme des derniers rayons du soleil… La plage de la Concha serait-elle parmi les plus belles du monde ? À vous de juger !

▶**Accès :** Les lignes de bus 5, 16, 18, 25 et 45 s'arrêtent toutes devant le centre de thalassothérapie La Perla, situé en plein milieu de la plage de la Concha.
Plan détachable CE4-5.
▶**Conseil :** Parcourez la promenade à pied et à différents moments de la journée.
Nos adresses, p. 71, 75, 84 et 87.

PLAYA DE LA CONCHA★★

E3 Elle s'étend sur 1350 m, de l'hôtel de ville jusqu'au parc Miramar. Cette magnifique étendue de sable fin, qui s'enflamme au soleil couchant, est très appréciée des amateurs de bains de mer et de soleil.

REAL CLUB NAUTICO

(Club nautique)
E3 Cet édifice moderniste rationaliste en forme de paquebot, à l'extrémité de la baie côté port, héberge un bar et une boîte de nuit (*p. 84*). C'est une œuvre (1928) des architectes José Manuel Aizpurúa et Joaquín Labayen. La terrasse qui le jouxte, en bois, donne directement sur la mer.

LA PERLA

D5 Ce magnifique bâtiment Belle Époque, posé stratégiquement sur la plage, témoigne du temps des bains de mer appréciés de la reine María Cristina. Aujourd'hui, il abrite un centre de thalassothérapie proposant, entre autres installations, une piscine d'eau froide ou un bain de vapeur marine, ainsi que de nombreux traitements à base de produits extraits de la mer, et un restaurant (*p. 70*).

PARQUE DE MIRAMAR

BC5 Ancienne résidence d'été de la famille royale, il s'élève entre les plages de la Concha et d'Ondarreta. Il a été dessiné par le jardinier

peeterv/iStock

La baie de la Concha, St-Sébastien.

franco-espagnol **Pierre Ducasse** (1836-1892) et le **palais** éponyme, de style anglais, par l'architecte Selden Wornum. C'est ici que logeait la famille royale quand elle était en villégiature à St-Sébastien. Aujourd'hui, le palais accueille des expositions temporaires. Son esplanade offre un splendide **panorama★★★** sur la baie et l'îlot Santa Clara.

ISLA DE SANTA CLARA

BC3 Desservie par un service de vedettes pendant l'été, cet îlot héberge la seule plage orientée au sud dans tout le Pays basque. Malgré sa petite taille, elle est équipée d'un bar et d'un poste de secours. Au sommet, un phare guide les bateaux qui voguent au large de la baie.

HOTEL DE LONDRES Y DE INGLATERRA

Zubieta 2.

E4 Construit en 1865, ce bâtiment fut d'abord la résidence de la reine Isabel II. Transformé en hôtel au tournant du siècle, il accueillit d'illustres personnalités, telles Toulouse Lautrec ou Mata Hari. Idéalement orienté face à la mer, il garde le souvenir du faste de la ville pendant la Belle Époque.

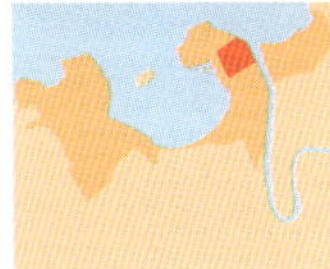

Parte Vieja★★

Vieille ville

Nous voilà dans le cœur de Donostia : ici se trouvait, au Moyen Âge, le petit port à partir duquel la cité s'est développée. Sur cet isthme entre la mer et le fleuve Urumea, les façades sont colorées et l'animation bat son plein. Bien que les bâtiments datent du 19e s. (la vieille cité a été reconstruite après l'incendie du 31 août 1813 par les troupes de Wellington), les rues étroites et pavées autour de la pittoresque plaza de la Constitución contrastent avec les larges avenues rectilignes de la ville moderne. Le soir, Donostiarras et touristes y affluent pour faire la tournée des bars, dont les comptoirs regorgent de pintxos.

▶**Accès :** Les lignes de bus 26 et 28 longent le Boulevard, s'arrêtant en face de l'entrée de la vieille ville.

***Plan de quartier* p. 48. *Plan détachable* DEF2-3.**

▶**Conseil :** La Parte Vieja est le quartier préféré des Donostiarras à l'heure du *poteo*, rituel qui consiste à faire la tournée des bars à pintxos.

Nos adresses p. 65, 71, 75, 80, 84 et 88.

PLAZA DE ZULOAGA

E2 En contrebas du mont Urgull, cette vaste place séduit par le contraste de ses architectures, les immeubles des 19e et 20e s. ainsi que la devanture moderne des cafés faisant face au **Museo de San Telmo**, autrefois couvent de dominicains.

MUSEO DE SAN TELMO★★

Musée San Telmo

E2 *Pl. Zuloaga, 1 - 943 481 580 - www.santelmomuseoa.eus - ♿ - tlj sf lun. 10h-20h (14h les 21, 24 et 31 déc.) - fermé 1er et 20 janv., 25 déc. - 6 €, TR 3 €, gratuit le mar.*

Audioguide (gratuit) particulièrement intéressant. Café avec terrasse et bon restaurant (p. 72).

Fondé au 16e s., ce couvent dominicain a été transformé en musée en 1932 et a fait l'objet d'une importante rénovation en 2011. Un édifice moderne a été ajouté, dont la façade perforée s'intègre dans le panorama rocheux du mont Urgull. Les collections invitent à un parcours à travers l'histoire et la culture basques. La remarquable muséographie interactive tire admirablement parti de l'organisation des lieux (plusieurs salles donnent sur le très beau cloître). Les collections permanentes sont essentiellement présentées dans la partie ancienne, tandis que la partie moderne accueille plutôt des expositions temporaires, des conférences et des activités culturelles.

Rez-de-chaussée – On découvre une exceptionnelle collection de **stèles**

Façade du musée San Telmo, par l'architecte Nieto Sobejano

STM
San Telmo Museoa

discoïdales, dont les plus anciennes sont antérieures à l'ère chrétienne. On y lit le lieu d'inhumation ou de décès, en cas de mort violente, et différents éléments pour identifier le défunt. Plusieurs salles évoquent l'histoire et le développement économique de la région au fil des siècles, et notamment la **chasse à la baleine**, avec tous les produits extraits du mammifère marin. C'est aussi à ce niveau que se trouve l'ancienne **église** du couvent. Elle est décorée de onze magnifiques panneaux, réalisés en 1929 par le Catalan **José María Sert** (1874-1945), qui figurent l'histoire, la vie et les activités des hommes en Guipúzcoa.

1er étage – Une **section ethnographique** retrace l'évolution de la société basque, illustrée par de nombreux objets et vidéos : intéressant panorama couvrant cent ans d'art basque et l'effervescence artistique des années 1920, passionnant montage d'images filmées sur la lutte des classes, conquête de la reconnaissance de la langue et de l'identité, histoire de l'industrialisation moteur du changement, et nombreuses marques basques, de l'électroménager Fagor aux scooters Lambretta...

2e étage – Les salles présentent une centaine d'œuvres sur les quelque 1400 que compte la **collection des beaux-arts** du musée, un peu à la manière d'une pinacothèque du 19e s. : beaucoup de peintres espagnols (Greco, Ribera, Cano, etc.) et quelques étrangers (Tintoret, Hubert Robert).

IGLESIA SAN VICENTE

E2 *✆ 943 420 955 - 9h-13h, 18h-20h.* Cette église du 16e s. est l'édifice religieux le plus ancien de la ville. De style gothique, il abrite un remarquable **retable★** réalisé par Ambrosio de Bengoechea et Juan de Iriarte (16e s.). Remarquez à l'extérieur les statues de saint Vincent, patron de la paroisse, et de saint Sébastien, patron de la ville.

PLAZA DE LA CONSTITUCIÓN

E2 Entourée de maisons à hautes arcades, elle fut jadis utilisée comme arènes. Les numéros que portent encore les balcons rappellent qu'ils servaient alors de tribunes.

BASILICA SANTA MARÍA DEL CORO

Abuztuaren 31, 46/31 de Agosto, 46 - ✆ 943 423 124 - 10h30-13h, 16h-19h30 - 3 €.

E2 On est frappé par l'exubérance de son **portail★** (fin 18e s.). La sobriété de l'architecture intérieure rend plus saisissante encore la profusion des autels baroques. Un petit musée (D'Museoa) héberge des œuvres de Greco, Chillida... En sortant, vous apercevrez tout au bout de la perspective la cathédrale Buen Pastor, qui se situe dans El Centro.

MONTE URGULL

DE2 Un jardin public couvre cette colline, couronnée par la statue du **Sagrado Corazón,** haute de 30 m

(socle compris). Non loin, le **castillo de la Mota** fut du 15e au 18e s. une importante place militaire ; il abrite la **Casa de la Historia**, petit musée d'histoire *(ouv. vac. scol. et haute saison 11h-20h)*. Sur son flanc nord se trouve le **cimetière des Anglais**, établi en hommage aux troupes britanniques pour leur participation aux guerres d'Indépendance et de Succession du 19e s.

Paseo Nuevo ***D1-2*** – Cette large promenade en corniche autour du mont Urgull offre de belles vues sur la mer Cantabrique et la baie. Elle débouche sur la sculpture *Construction vide (voir encadré ci-dessous)* et le port, trapu et coloré, où se côtoient bateaux de pêche et voiliers.

PUERTO

D2-3 Le port est séparé de la vieille ville par des vestiges de remparts. De petites maisons de pêcheurs aux façades blanches et volets verts bordent son quai. De nombreux restaurants servent la pêche du jour, déchargée le soir devant les badauds (*p. 72*).

Le quai mène au **Musée maritime** et aboutit à l'**aquarium★**.

MUSEO MARÍTIMO VASCO/ EUSKAL ITSAS MUSEOA

Musée maritime

D2-3 *Kaiko Pasealekua, 24/Paseo del Muelle, 24 - ☎ 943 430 051 - https://itsasmuseoa.eus - ♿ - avr.-sept. : mar.-sam. 10h-19h ; oct.-mars : mar.-sam. 10h-14h, 16h-19h ; dim. 11h-19h (11h-14h de mi-sept. à mi-juin) - fermé 1er, 6 et 20 janv., 12 oct. et 25 déc. - 3 € (-14 ans gratuit).*

Installé dans un édifice du 18e s. qui abritait autrefois la Bourse du commerce, il accueille chaque année une ou deux expositions temporaires qui soulignent l'importance de la mer dans l'histoire du Pays basque.

AQUARIUM★

D3 *Pl. Karlos Blasco de Imaz, 1 - ☎ 943 440 099 - www.aquariumss.com - ♿ - juil.-août : 10h-21h ; de la Sem. sainte à juin et sept. : lun.-vend. 10h-20h, w.-end 10h-21h ; d'oct. à la Sem. sainte : lun.-vend. 10h-19h, w.-end*

Un musée d'art contemporain à ciel ouvert

Des sculptures contemporaines sont dispersées tout le long de la baie. Le ***Peigne du vent★*** *d'Eduardo Chillida, posté depuis 1977 au bout du mont Igueldo (voir p. 54), est devenu l'emblème de la ville ; il est défié, de l'autre côté de la baie, par* ***Construction vide*** *(Jorge Oteiza, 2002). Sur la promenade de la Concha, l'****Hommage à Fleming*** *(encore Chillida) se fait discret, contrairement à la* ***Colombe de la Paix****, sur la plage de la Zurriola : cette sculpture blanche de 7 m de haut du Basque Nestor Basterretxea, battue par les vents, est un repère pour les touristes. Plus imposant encore, le* ***Sacré Cœur*** *de Federico Coullaut (12,5 m de haut) trône depuis 1950 sur le mont Urgull. Tout en délicatesse, la* ***Pietà d'Oteiza*** *orne la façade de l'église San Vicente.*

Plaisirs balnéaires

La vocation balnéaire de St-Sébastien s'éveille à partir de 1865, lorsque la reine Marie-Christine, régente d'Espagne et veuve d'Alphonse XII, la choisit comme lieu de villégiature : tout le beau monde madrilène vient dès lors y passer les mois d'été. De cette époque, la ville a notamment conservé le palais Miramar, construit à la demande de la reine.

10h-20h - fermé 1er et 20 janv., 25 déc. - 13 € (4-12 ans 6,50 €, famille 38 €).
Le palais de la Mer abrite un **Musée océanographique** et un **aquarium**. La belle muséographie et la présence d'explications en français rendent la visite particulièrement intéressante.
2e étage – Le parcours débute dans la partie du musée qui évoque l'histoire des **activités de pêche et de commerce** dans la région. On découvre notamment l'importance du port, lequel accueillait les navires de la Compagnie royale guipúzcoana de Caracas. Fondée en 1728, elle détenait le monopole du commerce avec le Venezuela et possédait ses propres chantiers navals. De belles maquettes anciennes et de judicieux commentaires expliquent la construction des bateaux qui ont fait la prospérité de la ville, dotée à proximité des ressources nécessaires en bois et en fer.
1er étage – D'autres dioramas expliquent les différentes techniques de pêche. On accède ensuite à l'**aquarium** proprement dit, premier espace consacré aux sciences naturelles inauguré en 1928 à l'initiative de la Société océanographique de Guipúzcoa. La faune marine est présentée dans différents milieux reconstitués. Les visiteurs empruntent un tunnel à 360° qui passe sous l'**Océanorium**, grand bassin où évoluent mérous, requins, tortues, raies, dorades, etc.

Le pont de la Zurriola à l'embouchure de l'Urumea.

DONOSTIA-SAN SEBASTIÁN
Cimetière des Anglais
Monte Urgull/ Urgull Mendia
Castillo de Santa Cruz de la Mota
Museo de San Telmo
Pl. de Zuloaga
San Vicente
Basilica Santa María del Coro
Pl. de la Constitucion
LA PARTE VIEJA
Boulevard Zumardia
Teatro Victoria Eugenia
Hotel María Cristina
Kursaal
GROS
La Equitativa
Real Club Nautico
Ayuntamiento
Plaza Guipúzcoa
Alderdi Eder Parkea
BAIE DE LA CONCHA
Playa de la Concha
Pl. Cervantes
Hotel de Londres y de Inglaterra
Mercado San Martín
EL CENTRO
Catedral del Buen Pastor
Puente María Cristina
Calle Prim
La Perla
Urumea
AQUARIUM, MUSEO NAVAL
TABAKALERA, LA EQUITATIVA
LA PERLA, PLAYA DE ONDARRETA, LA ANTIGUA PARQUE CULTURAL DE AIETE
N
0 100 m

PINTXOS
- A Fuego Negro 8
- Astelena 6
- Atari 2
- Borda Berri 5
- Casa Urola 3
- La Cepa 10
- La Cuchara de San Telmo 4
- Ganbara 7
- Gandarias 1
- Gure Txoko Donosti 16
- La Espiga 13
- Martínez 11
- Txepetxa 12

SE RESTAURER
- Bodegón Alejandro 5
- Casa Vallés 10
- KaXilda 1
- Kokotxa 9
- La Muralla 3
- Narru 11
- Nestor 6
- Ni Neu 13
- La Perla 2
- Restaurante Bernardo Etxea 15
- TOPA Sukaldería 16
- Zumeltzegi 7

PRENDRE UN VERRE
- Café de la Concha 20
- Dry Bar San Sebastián 5
- Ijentea Kafea 3
- Kafé Botanika 8
- Oquendo 6
- Pastelería Izar 1
- Pastelería Otaegui 2
- Pipira Café 7

SHOPPING
- Alboka 19
- Benegas 12
- Box 13
- Elkar 7
- Galparsoro 6
- Granel 17
- Irulea 5
- Koloreka 8
- Leclercq 22
- Loreak Mendian 2
- Mercado La Bretxa 9
- Mercado San Martín 10
- Minimil 11
- Minük 15
- Noventa Grados 4
- Ponsol 20
- Pukas Surf Shop 3
- Room 278 18
- Torrubia & Torrubia 14
- Zergatik 1
- Vinos Martínez 21

SORTIR
- Altxerri Jazz Bar 3
- Bataplan 1
- GU 2
- Museo del whisky 7
- Teatro Victoria Eugenia 4
- Victoria Café 5

SE LOGER
- A Room in the City 5
- Hotel Arrizul Beach 10
- Pensión Edorta 1
- Pensión Koxka 4
- Pensión Joakina 6
- Hôtel Niza 2

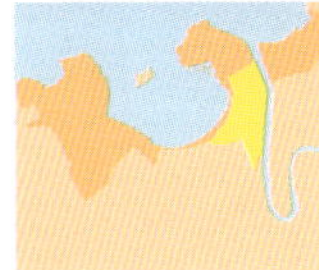

El Centro★

Le centre

À la fin du 19e s., St-Sébastien, comme d'autres villes européennes, veut dépasser les limites que lui imposent ses vieux remparts pour devenir une ville moderne. Un plan d'agrandissement est alors lancé pour édifier, au sud de la vieille ville, un nouveau quartier dans l'air du temps, surnommé le Barrio Romántico. Rues rectilignes, façades Art nouveau et places romantiques accueillent les classes aisées. Un casino est construit (aujourd'hui l'hôtel de ville), ainsi qu'un hôtel de luxe (María Cristina) et un théâtre (Victoria Eugenia), devenus icônes de la ville et intimement liés à l'histoire du festival international du Film. Ce riche patrimoine architectural constitue un des attraits majeurs de la ville. Plus au sud, les rues piétonnes autour de la cathédrale sont propices à la balade et au shopping.

▶**Accès :** Les lignes de bus 26, 28 et 37 parcourent le Centro, la dernière s'arrêtant à la plaza de Guipúzcoa.

Plan de quartier p. 48. Plan détachable EF3-5.

▶**Conseil :** Les rues du Centro sont l'endroit parfait pour faire du shopping.

Nos adresses, p. 67, 72, 76, 81, 84 et 88.

BOULEVARD

E3 Trait d'union entre les quartiers de la vieille ville et du centre, le Boulevard (de son nom complet Boulevard Zurmadia), occupe l'emplacement des anciens remparts et est en grande partie réservé aux piétons. Son **kiosque** à musique est typique de la Belle Époque. Empruntez la rue Elkano (en face de l'office de tourisme), qui passe par la **plaza Guipúzcoa** (*ci-contre*). Continuez jusqu'à l'avenue de la Libertad, que vous prendrez à droite. Puis, la rue Loiola mène directement à la cathédrale, en passant devant le populaire **Mercado San Martín (marché)**.

AYUNTAMIENTO

Hôtel de ville

E3 Ce bâtiment, inauguré en 1897, était à l'origine un **casino**. Fermé en 1927 suite à l'interdiction des salles de jeux par le dictateur Primo de Rivera, il servit d'hôpital pendant la guerre civile, et ce n'est qu'en 1947 que St-Sébastien en fit son hôtel de ville. Les élites de la Belle Époque s'adonnaient aux plaisirs du jeu et de la danse dans les salons qui accueillent aujourd'hui les séances plénières du Conseil municipal.

TEATRO VICTORIA EUGENIA

F3 Scène emblématique de Donostia, ce théâtre a été construit en 1912 selon

le projet de l'architecte Francisco de Urcola. Sa façade principale, au style plateresque, s'inspire de la Renaissance espagnole. Le Victoria Eugenia a été durant des années la scène principale du festival international du Film, dont les cérémonies se déroulent aujourd'hui au Kursaal. Complètement rénové en 2007, le théâtre accueille des représentations dramatiques, des concerts et des spectacles de danse (*p. 84*).

HOTEL MARÍA CRISTINA

F3 Édifié en 1912 comme son voisin le théâtre Victoria Eugenia, cet hôtel de luxe fut le lieu de résidence de prédilection de l'aristocratie au début du 20e s. Des personnalités telles que Léon Trotski, Mata Hari ou Maurice Ravel y ont séjourné, et les stars du cinéma y descendent chaque année lors du festival.

PLAZA GUIPÚZCOA

E3 Petit oasis de verdure en plein centre-ville, cette place tire son charme de son jardin, conçu par **Pierre Ducasse**. Entourée d'arcades de pierre blonde, elle est présidée par l'élégante façade du **palais du gouvernement autonome du Guipúzcoa**, conçu en 1890 par l'architecte José de Goicoa et ornée de bustes de personnalités de la région. Une grande variété d'arbres et de plantes entourent le petit plan d'eau traversé par un pont. Pittoresque et romantique.

CATEDRAL DEL BUEN PASTOR

Cathédrale du Bon Pasteur

EF4-5 *Pl. Artzain Onaren/Pl. Buen Pastor - 943 464 516 - lun.-vend. 8h30-12h30, 17h-20h, w.-end, ouv. pendant les offices.*

Messe en basque dim. 11h.

Sa tour culmine à 75 m de hauteur et sert de point de repère à presque toute la ville. Tout comme l'édifice, elle a été érigée en 1897 dans un style néogothique. Grande sobriété à l'intérieur. Notez les gigantesques coquillages à l'entrée en guise de bénitiers, dignes de *Vingt mille lieues sous les mers*.

En vous retournant, vous aurez une belle perspective sur le mont Urgull.

CALLE PRIM

F5 Cette artère (et ses voisines immédiates) rassemble tout ce que l'architecture de la Belle Époque et de la première moitié du 20e s. a pu produire. Bow-windows, vitraux et majoliques ornent certaines façades (nos 10 et 17). L'œil repère d'autres détails cubistes ou Art nouveau (ornements du no 28, ferronneries du no 23). Il faut s'y promener le nez en l'air.

PUENTE MARÍA CRISTINA

Pont María Cristina

F4 Inauguré en 1905 et inspiré du pont parisien Alexandre-III, il doit son nom à la reine Marie-Christine qui « lança » la ville. Ses obélisques, surmontés de Pégase dorés, portent l'écu de la cité et symbolisent la Paix et le Progrès. Il relie la ville à la Estacion del Norte (gare).

Gros

De l'autre côté du fleuve Urumea, Gros est le quartier le plus dynamique de Donostia. Depuis son réaménagement dans les années 1990, magasins, cafés, galeries d'art et restaurants ont donné un nouveau souffle à cette ancienne zone industrielle. Cosmopolite et branché, Gros doit surtout sa célébrité à la plage de Zurriola, devenue le spot incontournable des amateurs de surf. L'esprit sportif et décontracté imprègne l'ambiance des rues, où des surfeurs pieds nus côtoient des randonneurs en route pour le mont Ulía. Côté avant-garde, le Kursaal divise les opinions avec son architecture hypermoderne, alors que Tabakalera remue la scène culturelle contemporaine avec une programmation pointue. Mais ce n'est pas tout : les bars à pintxos de Gros sont réputés dans toute la ville, surtout le jeudi lors du célèbre « pintxopote ».

▶ **Accès :** Les lignes de bus 8, 13, 17, 29 et 40 longent la plage de Zurriola et s'arrêtent devant le Kursaal.
Plan détachable FG2.

▶ **Conseil :** Le matin, pourquoi ne pas exprérimenter un cours de surf sur la plage de Zurriola ? Le soir, suivez les Donostiarras pour vous régaler de pintxos.

Nos adresses, p. 67, 73, 76, 85 et 88.

KURSAAL

F2 Symbole du renouveau architectural de la ville, cet édifice moderne, composé de deux cubes en verre, surveille la plage de la Zurriola et l'embouchure du río Urumea. Signé **Rafael Moneo**, inauguré en 1999, il accueille congrès et manifestations culturelles, dont le fameux festival international du Film.

PLAYA DE LA ZURRIOLA★

F2 La plage préférée des surfeurs. Elle est aussi plus conviviale et plus « intime » que celles de la baie, car moins étendue. Sa promenade est bordée d'immeubles 19e s. et d'autres plus modernes.

PASEO DE FRANCIA

F3-4 Promenade longeant le fleuve, du pont Sta Catalina au pont María Cristina. Ornée d'une pelouse, plantée d'arbres et de palmiers, elle tire son nom des anciens hôtels particuliers « à la française » qui la bordent.
À l'angle avec le pont Sta Catalina, remarquez **la Equitativa**, immeuble moderniste de 1933, siège de la compagnie d'assurance du même nom.

TABAKALERA

FG4-5 *Pl. Andre Zigarrogileen, 1 - 943 11 88 55 - tabakalera.eu - ♿ - lun.-jeu. 9h-21h, vend. 9h-23h, sam.*

Centre culturel Kursaal de l'architecte Rafael Moneo.

10h-23h, dim. 10h-21h - fermé 1er janv. - entrée libre.
L'ancienne manufacture de tabac abrite depuis 2015 le **Centre international de culture contemporaine**, avec pour vocation de soutenir et diffuser la création artistique sous toutes ses formes. Il héberge ateliers, salles de projection et expositions temporaires. C'est également un lieu de vie, avec un café branché (*p. 76*) et une petite boutique de créateurs. Du 5e étage, superbe vue sur la ville. Un restaurant et un hôtel 4 étoiles (dont une partie consacrée à des résidences d'artistes) complètent le projet. Un lieu vivant, où l'on croise des étudiants et des réunions de collectifs. Un beau témoignage du renouveau de la ville et du quartier.

PARQUE CRISTINA ENEA

FG5-6 Située sur un promontoire dans un méandre de l'Urumea, l'ancienne propriété du duc de Mandas, léguée à la ville en 1918, est l'un des plus beaux parcs de Donostia. Les arbres exotiques, les paons et les cygnes imprègnent de romantisme cet espace vert qui, comme le parc Miramar, la place Guipúzcoa et le parc Aiete (*p. 40, 51 et 56*), a été dessiné par **Pierre Ducasse**. Les sentiers touffus serpentent vers le fleuve alors que, au sommet, un manoir de style basque, ancienne résidence du duc, accueille un centre d'interprétation environnemental.

Ondarreta

Au pied du mont Igueldo, le quartier d'Ondarreta abrite l'autre plage de la baie, à l'ambiance plus familiale. À son extrémité, le « Peigne du vent » défie la force des vagues. Un funiculaire centenaire fait l'ascension du mont, vers la plus belle vue sur la baie et un parc d'attractions au charme désuet. Bonne nouvelle pour les affamés : certains bars d'Ondarreta, ainsi que du quartier d'Antiguo, participent au pintxopote du jeudi.

▶**Accès :** Les lignes de bus 5, 25, 45 desservent la plage d'Ondarreta et la 16 s'arrête au pied du funiculaire.
Plan détachable AB4-6.
▶**Conseil :** Assister au coucher de soleil depuis le *Peigne du vent.*
Nos adresses p. 67 et 89.

PLAYA DE ONDARRETA★★

B4-5 Dans le prolongement de la plage de la Concha (*p. 40*), elle étend ses 500 m jusqu'au pied du mont Igueldo. Seul un rocher la sépare de sa voisine et, pour le sable comme pour l'ensoleillement, cette aristocratique plage reliée au quartier éponyme n'a rien à envier à sa rivale !

PEINE DEL VIENTO★

Peigne du vent

A3 Cette œuvre du sculpteur basque **Eduardo Chillida** (1924-2002) a été installée en 1977. Fermement accrochées aux rochers, ces trois sculptures en acier de 10 t chacune résistent aux charges incessantes de la mer. Un système conçu par l'architecte Luis Peña Ganchegui permet à l'eau propulsée par les vagues de s'échapper à travers des orifices perforés dans le sol. Un véritable dialogue entre l'art et la nature (*encadré p. 45*).

MONTE IGUELDO

A2-3 Couronné par une tour fortifiée datant du 18e s., on monte au sommet d'Igueldo en empruntant le **funiculaire** (1912). Tout en haut, un petit parc d'attractions au charme rétro (*10h-18h, 19h, 20h, 21h ou 22h selon la saison ; www.monteigueldo.es ; funiculaire 2,30 €, AR 3,75 € ; attractions 2-5 €*) propose montagnes russes, auto-tamponneuses et manèges.

PARROQUIA DE SAN SEBASTIÁN MÁRTIR ANTIGUO

Paroisse de San Sebastián Antiguo

B5 *Derrière le parc, sur la plaza Alfonso XIII accolée à Ondarreta.* Cette église mérite le coup d'œil pour son intérieur très contemporain et la fresque moderne fermant la nef (à gauche, un homme tire ses chaînes ; à droite, saint Sébastien subit son martyre).

Peine del Viento de l'artiste Eduardo Chillida.

À proximité

Des falaises de la route du Flysch aux ruelles de Mutriku, en passant par les sentiers du mont Ulía et les allées parfumées du parc d'Aiete, les environs de St-Sébastien regorgent de plans pour agrémenter votre séjour. De son côté, le magnifique jardin de Chillida Leku invite à se promener parmi les œuvres monumentales du célèbre sculpteur basque.

Voir la carte dans le deuxième rabat de la couverture.

▶ **Conseil :** Les enfants adorent le musée de la Science.

PARQUE CULTURAL DE AIETE★★

Accès : *bus, lignes 19, 23, 31, 35. Entrée principale : été 8h-21h, hiver 8h-19h30 ; entrée nord : lun.-sam. 8h-22h, dim. 21h en été, 19h30 en hiver - gratuit.*

D8 Déployé sur une colline, ce magnifique parc, sans doute le plus attrayant de St-Sébastien, permet de déconnecter du centre-ville. Conçu, comme le parc Miramar, par **Pierre Ducasse**, il entoure un palais néoclassique construit en 1878, résidence d'été de Franco, qui abrite depuis 2010 la **Maison de la paix et des droits de l'homme** *(lun.-sam. 10h-14h, 16h-18h)*. Au pied du palais, des espaces bâtis en souterrain accueillent le **centre culturel d'Aiete** *(✆ 943 481 920 - www.donostia.eus - mar.-vend. 16h-20h30, sam. 10h-14h, 16h30-20h, dim. 10h-14h)* qui programme des expositions, des conférences et des projections.

Le parc possède aussi un espace culturel dédié aux enfants, la **Tour des contes**. Aires de jeux et bancs agrémentent les lieux.

EUREKA ! ZIENTZA MUSEOA

Musée de la Science

Hors plan *Accès par le bus 28 (Amara-Hospitales), direct depuis le centre-ville (env. 20mn).*

Mikeletegi, 43 - ✆ 943 012 478 - www.eurekamuseoa.eus - juil.-août : lun.-vend. 10h-20h, w.-end 11h-20h ; reste de l'année : consultez le site Internet - 12 € (musée + planétarium) (4-17 ans 9 €) - Comptez 1h30 à 2h de visite.

Les principaux monuments de la province sont représentés en maquette à l'entrée du musée où chaque salle aborde un thème différent (lumière, énergie, effets mécaniques, etc.). Des expériences illustrent chaque phénomène. Les enfants apprécient la visite qui se révèle didactique et amusante, notamment les simulateurs de Formule 1.

L'ensemble comprend également un **planétarium**.

MONTE ULÍA★

▶ *7 km à l'est de St-Sébastien, suivez la N 1 en direction d'Irun ou bien en*

taxibus TB6 (réservation obligatoire sur www.dbus.eus/es/formulario-de-reserva-taxibus-Ulía-tb6).
Amateurs de randonnée, bienvenus ! Avant d'atteindre le sommet et de redescendre vers St-Sébastien, prenez la première route à droite. Après plusieurs lacets au cours desquels les vues se déploient sur la ville et son site, on atteint le sommet d'où un chemin à droite conduit, à travers un beau parc, au restaurant du mont Ulía (*p. 73*).

CHILLIDA LEKU★

À Hernani, 7 km au sud de St-Sébastien.
En bus : prendre le G2 à Plaza Oquendo (arrêts sur la baie de la Concha et à Ondarreta), arrêt Chillida Leku - 20mn de trajet.
Barrio Jauregui 66, 20120 Hernani - 943 335 963 - www.museochillidaleku.com - ♿ - avr.-sept. 10h-20h, mars et oct. 10h-19h, nov.-fév. 10h-18h - fermé mar. - 12 € (8-18 ans 6 €).
C'est sur un site réaménagé que la fondation, conçue par **Eduardo Chillida** et sa femme Pilar Belzunce, et fermée depuis 2011, a rouvert ses portes. Les œuvres de l'artiste basque internationalement reconnu (*encadré p. 45*) ont ici un cadre à leur mesure. Le visiteur déambule dans les 11 ha du jardin à la découverte d'une quarantaine de sculptures monumentales, de granit et d'acier, qu'il peut toucher. Un endroit illustrant parfaitement la communion de l'art et de la nature puisque les champs environnants sont peuplés de moutons et de chevaux. De leur côté, les petites sculptures et plus de 300 dessins sont exposés dans une ferme du 16e s. minutieusement restaurée.

ASTIGARRAGA

10 km au sud de St-Sébastien, dir. Hernani. Bus A1 et A2 au départ de la rue Oquendo.

Sagardoetxea (Maison du cidre basque)

Centre-ville, calle mayor 48, à flanc de colline, repérable par le tonneau posé sur la rue - 943 550 575 - www.sagardoarenlurraldea.eus - juil.-août : 11h-13h30, 16h-19h30 ; reste de l'année : mar.-sam. 11h-13h30, 16h-19h30, dim. 11h-13h30 - 4 € avec dégustation (-10 ans gratuit).
Le Pays basque compte 53 variétés de pommes. Pour le cidre *(sagardoa)* dont Astigarraga est la capitale basque, il en faut 80 % d'acides et 20 % de douces. Vous apprendrez tout sur l'élaboration de cette boisson très appréciée dans la région en arpentant le verger, où l'on greffe les pommiers, et l'allée du musée. Dégustation en fin de visite. Ambiance assurée dans les bars du village pendant la saison du cidre (janv.-mai), surtout le week-end !

GETARIA★

26 km à l'ouest de St-Sébastien par l'AP-8 ou bien bus Donostia-Zumaia au départ de la gare routière.
Parque Aldamar, 2 - 943 140 957 - www.getariaturismo.eus.

Demandez le plan de la ville pour la description des façades remarquables.
Près du *ratón*, péninsule de la forme d'une souris à laquelle le relie une digue, Getaria est un joli petit **port de pêche** réputé pour ses *chipirones* (calamars) et ses poissons grillés.
Le week-end, tous les habitants de St-Sébastien s'y pressent. On n'y part plus pour la pêche à la baleine, ni pour les Indes comme **Juan Sebastián Elkano**, natif du lieu ; celui-ci ramena des Philippines, où Magellan avait été assassiné, l'unique bateau survivant de l'expédition, concluant ainsi le premier tour du monde (1522).
Les rues piétonnes sont étroites et pavées. L'une d'elles mène à l'**église de San Salvador** (14e-15e s.), dont la singularité est la pente qui monte vers le chœur. La **calle Mayor** passe sous celui-ci, d'où l'on peut apercevoir la crypte par une fenêtre qui abrite la chapelle. À l'intérieur, belle galerie de style flamboyant.
Des fouilles archéologiques, visibles depuis la calle Mayor, montrent des vestiges de l'époque romaine et du 14e s. (ancienne tour).

Cristóbal Balenciaga Museo★

Aldamar Parkea, 6 - ✆ 943 008 840 - www.cristobalbalenciagamuseoa.com - juil.-août : 10h-20h ; mars-juin et oct. : tlj sf lun. 10h-19h ; nov.-fév. : tlj sf lun. 10h-15h - 10 € (-18 ans 7 €).
Ce musée dédié au grand couturier **Cristóbal Balenciaga** (1895-1972), originaire de Getaria, est situé dans le palais Aldamar (19e s.), ancien lieu de villégiature de l'aristocratie locale. Il s'est doté d'une annexe contemporaine pour accueillir la collection permanente dédiée au célèbre créateur.
Très belle **vue** depuis le sommet de l'escalator sur le musée, les deux plages et le port de pêche de cette petite ville.

Maisor

Eraikina/Edificio Astillero, Portua, 3 - ✆ 943 140 993 - maisor.com - juin-oct. : 10h30-14h, 16h-19h - atelier 1h, à partir de 16h (mini 6 pers.) - 25 €.
Cette conserverie familiale, située sur le port, ouvre son atelier au public pour lui faire vivre une expérience unique : visite et dégustation, élaboration d'anchois que l'on emporte... La boutique propose les conserves ainsi que des produits régionaux. Fief de la production de **txakoli** (*p. 110*), célèbre vin blanc local, Getaria réserve aussi de belles balades entre les vignes pour les amoureux d'espaces verts.
À la sortie de Getaria, en direction de Zumaia, prenez la première route à gauche jusqu'à Azkizu.

Azkizu

Ce quartier de Getaria, encerclé de vignobles, que l'on peut rejoindre à pied par le chemin de St-Jacques à partir du centre, domine le village et l'Océan. Le fronton et la petite église San Martín de Azkizu à la nef unique ainsi que l'ancien béguinage (façade blanche aux volets verts) sont charmants.

ROUTE DU FLYSCH★

Zumaia est à 35 km à l'ouest de St-Sébastien par l'AP-8 ou bien

J. Arranz/age fotostock

Strates rocheuses à Zumaia sur la route du Flysch.

prendre le bus Donostia-Zumaia au départ de la gare routière.

Cet extraordinaire paysage de **falaises** brutes s'étend de Zumaia à Mutriku. Les formations géologiques en strates rocheuses successives révèlent des trésors de plus de 60 millions d'années et ont été déclarées biotope protégé depuis 2009.

Le Géoparc et les offices du tourisme de Deba, Zumaia et Mutriku proposent des **visites guidées en bateau ou à pied**.

MUTRIKU★

57 km à l'ouest de St-Sébastien par l'AP-8 ou bien bus Donostia Lekeitio au départ de la gare routière.

Pl. Txurruka/Churruca - ☎ 943 603 378 - www.mutriku.eus.

Le centre de Mutriku, classé, ne manque pas d'attrait, entre ses maisons blasonnées et ses ruelles mystérieuses. Voyez notamment le **palacio Arrietakua** (18e s.) à l'avant-toit joliment sculpté ou le palacio Zabiel aux colonnes torsadées. Vous apercevrez aussi le magnifique blason du **palacio Olazarra-Mizquia** (17e s.).

La ville s'honore de posséder l'une des plages les plus enchanteresses de la Côte basque, la **playa de Saturraran**. Elle possède aussi un agréable port de plaisance où s'étend une plage dotée de deux piscines naturelles.

RESTAURANTE

Nos adresses

Dans la vieille ville de Bilbao.
J2R/iStock

Pintxos

Repérez les adresses sur nos plans grâce aux pastilles numérotées (ex. 1). Les coordonnées en rouge (ex. C2) font référence au plan détachable (à l'intérieur de la couverture).

BILBAO

***Plan de quartier** p. 18 et 22-23*

Presque autant qu'à St-Sébastien, les **pintxos** (bouchées composées d'une tranche de pain sur laquelle sont superposés plusieurs ingrédients) sont la spécialité basque incontournable. Les rues situées autour de la plaza de Moyúa et dans la vieille ville s'animent le soir, surtout en fin de semaine. D'un bar à l'autre, on savoure des pintxos autour d'un ou plusieurs *txiki* (petit verre de vin rouge) ou *sagarno* (sorte de cidre). Le **prix des pintxos** varie selon qu'ils sont servis chauds ou froids et selon les ingrédients ; comptez entre 1,50 € et 5 € la pièce. La plupart des bars à pintxos sont aussi de très bons restaurants.

Restauration, p. 98, et L'art du « poteo », p. 112.

Le site de l'office de tourisme (www.bilbaoturismo.net) dispose d'un moteur de recherche des bars à pintxos, quartier par quartier.

CASCO VIEJO

❤ 1 **Berton** – **G5** - *Jardines, 11 - 944 167 035 - www.berton.eus - fermé dim. soir et lun.* Une institution, fréquentée par Hemingway et Orson Welles, et réputée pour ses spécialités à base d'anchois.

2 **Irrintzi** – **G5** - *Andra María, 8/ Santa María, 8 - 944 167 616 - www.irrintzi.es - fermé dim. soir.* Ici, on vient entre amis déguster les succulents pintxos élaborés par Marian et son équipe. Dehors ou dedans, c'est toujours plein à craquer !

3 **Gatz** – **G5** - *Andra María, 10/Santa María, 10 - 944 154 861 - www.bargatz.com - fermé dim. soir.* Un autre lieu à découvrir, surtout pour ses *tortillas* variées. Ne manquez pas la *tortilla de morcilla* (boudin noir).

❤ 5 **Gure-Toki** – **G5** - *Pl. Nueva, 12 - 944 158 037 - www.guretoki.com - fermé dim. soir et merc.* L'endroit a été plusieurs fois primé pour ses pintxos et on comprend pourquoi : poulpe grillé *(pulpo a la plancha)*, tempura de crabe *(cangrejo en tempura)*, coquille saint-jacques au curry *(vieja con patatas y miegas al curry)*... Les recettes sont aussi bonnes qu'originales. Grand choix de vins. Les arcades de la place servent de terrasse.

6 **Plaza Unamuno** – **G5** - *Pl. Miguel Unamuno, 12 - 944 987 741 - www.plazaunamuno.bar - ouv. tlj midi et soir.* Un bar moderne, ouvert dès le petit déjeuner, mais qui s'anime surtout en soirée, autour des incontournables pintxos (spécialités de calamars). Belle terrasse sur la place et, régulièrement, ont lieu différentes manifestations : expositions, etc.

Comptoir de pintxos.

15 **Blanco y Negro** – ***G6*** - *Sanfran, 10 - ✆ 944 153 745.* Ce vieux bar de quartier a été repris par une équipe jeune et dynamique qui en a conservé l'esprit populaire. La cuisine rend hommage à la tradition locale à travers des recettes sans chichis. Un retour aux sources stimulant et quelque peu décalé.

EL ENSANCHE

❤ 7 **El Globo** – ***F4*** - *Diputazio, 8 - ✆ 944 154 221 - www.barelglobo.es - 9h-23h (0h sam.) - fermé dim.* Dans une rue piétonne, un bar couru pour ses délicieux pintxos. Goûtez au crabe gratiné *(txanguro gratinado)* ou aux samossas de légumes *(verduras al curry)*, inhabituels. À déguster en terrasse aux beaux jours.

8 **Singular** – ***F3*** - *Lersundi, 2 - ✆ 944 231 743 - www.singularbar.com - fermé dim.* Bières artisanales et vins de la Rioja accompagnent des pintxos délicieux, dans un décor pierre, bois et béton.

9 **Ambigú** – ***F4*** - *Done Bikendi, 5/ San Vicente, 5 - ✆ 944 242 343 - fermé lun. soir et dim.* Dans ce café-bar très animé à la déco arty, vous dégusterez la tortilla du jour. Elles sont plus originales les unes que les autres ! DJ le w.-end.

10 **Txocook** – ***G4*** - *Uribitarte, 1 - ✆ 944 005 567 - www.txocook.com - fermé dim. midi et lun.* Une cuisine délicieuse, dans une déco industrielle, c'est le petit dernier de Aitor Elizegi, chef de Bascook (☛ *p. 70*).

11 **Cinnamon** – ***F4*** - *Done Bikendi, 3/ San Vicente, 3 - ✆ 944 657 801 - fermé lun. soir et dim.* Un petit resto végétarien tout simple. Déco chinée.

12 **El Huevo Frito** – ***E4*** - *García Rivero Maisuaren, 1 - ✆ 944 412 249 - elhuevofrito.com - fermé dim. soir.* Une décoration dans les tons jaunes et des pintxos où les œufs sont bien présents !

13 **El EME** – ***E5*** - *Concha Jeneralaren, 5 - ✆ 944 434 298 - www.baremebilbao.com - fermé dim.* Des pintxos d'un genre différent puisqu'il s'agit de sandwichs triangulaires *(triángulos)*, confectionnés avec du pain maison. L'endroit existe depuis 1950 et son succès ne se dément pas.

14 **Gaztandegi** – ***E4*** - *García Rivero Maisuaren, 10 - ✆ 944 412 196 - gaztandegibilbao.com - fermé dim.* Cet établissement tout simple à la façade en bois s'est fait une spécialité de pintxos à base de fromage : espagnols (idiazabál, manchego…), mais aussi italiens, suisses, français… Le tout arrosé d'un vin choisi avec soin. On y vend également du fromage à la coupe.

GETXO

El Ancla – *Las Mercedes, 22 - Ⓜ Areeta - ✆ 944 643 842 - ouv. tlj.* Un petit bar à pintxos des plus traditionnels qui ne faillit pas à sa réputation.

ST-SÉBASTIEN

***Plan de quartier** p. 48*

La cité s'anime tous les soirs à l'heure de l'apéritif, en particulier dans les rues Portu, Abuztuaren 31/31 de Agosto et Fermín Calbetón, autour de la plaza de la Constitución, le long du port et à Gros. Pour découvrir l'extraordinaire variété des pintxos du vieux St-Sébastien, voilà quelques adresses qui permettent de pratiquer le *txikiteo* ou l'art de passer d'un bar à l'autre en consommant des pintxos autour d'un ou plusieurs *txiki* (petit verre de vin rouge) ou *zurito* (petite bière, équivalent à la moitié d'un demi). La plupart de ces établissements sont aussi de très bons restaurants.

Les **prix des pintxos** varient selon qu'ils sont servis chauds ou froids, et des ingrédients ; comptez entre 1,50 € et 5 € la pièce.

Restauration, p. 98, et L'art du « poteo », p. 112.

www.sansebastianturismoa.eus et https://pintxos.es recensent de nombreuses adresses où consommer de bons pintxos.

PARTE VIEJA

1 **Gandarias** – ***E2*** - *Abuztuaren 31, 23/Agosto 31, 23 - 943 426 362 - www.restaurantegandarias.com - ouv. tlj midi et soir.* De délicieuses brochettes de crevettes, du filet de bœuf grillé, un mille-feuille de porc aux champignons *(milhojas de manitas de cerdo con hongos)* ou une crêpe à la morue (crêpe de *bacalao)* : des produits d'excellente qualité.

2 **Atari** – ***E2*** - *Nagusia, 18/ Mayor, 18 - 943 440 792 - www.atarigastroteka.com - ouv. tlj midi et soir.* Une étape incontournable pour les amateurs de soirées pintxos. Pintxos et raciones alléchants, et plats chauds élaborés à la commande.

3 **Casa Urola** – ***E2*** - *Fermín Calbetón, 20 - 943 441 371 - www.casaurolajatetxea.es - fermé mar.* Une institution depuis 1956. Les plats sont élaborés à partir de produits de saison venant de producteurs locaux. Vous tomberez donc sous le charme des pintxos *temporada* (de saison).

Pintxopote

Sorte d'« happy hour » basque, le « pintxopote » est une initiative des restaurateurs depuis la crise qui a vu les établissements être désertés. Dans toutes les grandes villes du Pays basque, les bars des différents quartiers proposent tour à tour, un soir dans la semaine (généralement le jeudi), un verre (« pote ») et un pintxo pour 2 € : à St-Sébastien, rendez-vous le jeudi autour du marché San Martín, à Gros... À Bilbao, direction Casco Viejo et à Getxo, c'est dans le quartier Roma qu'il faut aller. La plupart du temps, on choisit son verre et le restaurant propose son pintxo.

L'art du « poteo », p. 112.

À chaque bar, sa spécialité
Pour les préparations aux anchois, allez au Txepetxa.
Pour les cèpes et champignons, allez à La Cepa.
Pour le torrija (pain perdu), allez au Ni Neu.
Pour les oreilles de porc grillées, allez à La Cuchara de San Telmo.
Pour les pintxos revisités à la mode bistronomique, allez au Fuego Negro.

4 **La Cuchara de San Telmo** - **E2** - *Abuztuaren 31, 28/Agosto 31, 28 - ✆ 943 435 446 - fermé lun. et mar. midi.* Essayez les pintxos au foie et à la compote de pommes *(foie con compota de manzana).*

5 **Borda Berri** - **E2** - *Fermín Calbetón, 12 - ✆ 943 430 342 - fermé lun.-mar.* Le manchon de canard laqué, accompagné d'une sauce mangue, miel et soja *(manchon lacado con mango)*, est un régal.

6 **Astelena** - **E2** - *Euskal Herria, 3 - ✆ 943 425 867 - www.restauranteastelena.com - fermé lun., merc. et dim. soir.* À tester : *chipirones a la plancha* (petits calamars).

7 **Ganbara** - **E2** - *San Jeronimo, 19 - ✆ 943 422 575 - www.ganbarajatetxea.com - fermé 2e quinz. de juin, 2e quinz. de nov., dim. soir et lun.* La qualité de ses brochettes a porté cet établissement au sommet du succès. Personnel nombreux qui donne du rythme au service. Au sous-sol, une salle intime et accueillante vient compléter l'ensemble. Pour les amateurs de charcuterie, essayez le *holjadre de txistorra*, une sorte de saucisse en croûte.

❤ 8 **A Fuego Negro** - **E2** - *Abuztuaren 31, 31/Agosto 31, 31 - ✆ 650 135 373 - www.afuegonegro.com - également restaurant : menu dégustation 40 €, carte 20/25 €.* Situé dans le quartier historique, ce bar très branché, à la déco noir et rouge tendance rock, élabore des pintxos revisités, créations très originales comme le *makobe*, une sorte de mini-hamburger au bœuf de Kobé, ou un étonnant pintxo sardines-ananas-moutarde. Voici l'une des adresses qui témoignent de la vitalité gastronomique de la ville.

10 **La Cepa** - **E2** - *Abuztuaren 31, 7/Agosto 31, 7 - ✆ 943 426 394 - www.barlacepa.com - fermé mar. - menus déj. 18 € en sem., 30 € w.-end - pas de réservation.* Parfait pour avaler des pintxos chauds ou froids, ce bar se double d'un bon restaurant traditionnel où l'on sert des spécialités de la mer, comme le crabe farci basquaise, des plats de cèpes et du gibier en saison. Décor rustique et atmosphère chaleureuse.

11 **Martínez** - **E2** - *Abuztuaren 31, 13/Agosto 31, 13 - ✆ 943 424 965 - www.barmartinezdonosti.com - fermé 20 janv.-6 fév., 2-20 juin, jeu. et vend. midi.* Établissement familial aux installations soignées, situé dans la vieille ville. Ses tapas de grande qualité en ont fait un classique.

❤ 12 **Txepetxa** - **E2** - *Arrandegi, 5/Pescadería, 5 - ✆ 943 422 227 - fermé lun. et mar. midi.* Ici, la spécialité,

c'est l'anchois : vous le trouverez sous toutes ses formes, cru, cuit, salé, fumé, mariné, chaud, froid... mais toujours délicieux.

EL CENTRO

13 **La Espiga** - ***E4*** - *San Martzial, 48 - ✆ 943 421 423 - https://laespigabar.com - tlj midi et soir.* Cet établissement est à la fois un bar à pintxos et un restaurant. Le cadre chaleureux, la fraîcheur et la qualité des plats attirent une clientèle fidèle, composée surtout de locaux. Petite terrasse agréable.

GROS

14 **Bergara** - ***G2*** - *General Artetxe, 8 - ✆ 943 275 026 - www.pinchosbergara.es - ouv. tlj midi et soir.* De nombreuses récompenses culinaires garantissent la qualité des produits. Petit bar à tapas qui comprend également une série de tables de type rôtisserie.

❤ 15 **Garbola** - ***F2*** - *Kolon Pasealekua, 11/Paseo de Colón, 11 - ✆ 943 285 019 - fermé dim.* Malgré la déco quelque peu surannée, ce bar à cocktails, qui sert aussi de délicieux pintxos, est un grand classique. Le souvenir de Goyo, le fondateur, reste très présent parmi la clientèle. Incontournable!

16 **Gure Txoko Donosti** - ***F2*** - *Usandizaga, 5 - ✆ 943 282 419 - ouv. tlj midi et soir.* Les Donostiarras traversent l'Urumea rien que pour déguster les succulents pintxos et raciones de ce bar, où la cuisine basque s'étoffe de touches internationales (tataki de thon,

EoNaYa/iStock

Ruelle de San Sebastian.

tempura). Ambiance décontractée, tant à l'intérieur qu'aux quelques tables posées sur le trottoir.

ONDARRETA

18 **La Rebotika** - ***A6*** - *Av. Zarauz, 6 - ✆ 943 218 906 - www.larebotika.es - fermé dim. soir et lun.* Meubles vintage, murs en pierre et ambiance branchée dans ce lieu qui propose une carte variée (pintxos, raciones, plats... et même des tostas). Plusieurs recettes sont préparées au feu de bois, comme le mini-hamburger ou la tortilla de patatas.

Se restaurer

Repérez les adresses sur nos plans grâce aux pastilles numérotées (ex. 1). Les coordonnées en rouge (ex. C2) font référence au plan détachable (à l'intérieur de la couverture).

BILBAO

***Plans de quartier** p. 18 et 22-23*

On trouve toutes les cuisines du monde à Bilbao, et toutes sortes d'établissements, du plus simple au plus sophistiqué. Comme souvent ailleurs dans la région, les restaurateurs privilégient les produits locaux selon le principe du « slow food » et du « zero kilometro ».

CASCO VIEJO

Moins de 30 €

2 **Mercado de la Ribera** – ***G6*** - *p. 19 et 78 - fermé lun.* Au 1er étage de la halle du plus grand marché de la ville, plusieurs stands permettent de goûter pintxos et autres spécialités sur le pouce, à l'intérieur ou à l'extérieur avec vue sur la *ría*.

De 30 à 50 €

3 **Victor** – ***G5*** - *Pl. Nueva, 2 - 944 151 678 - www.restaurantevictor.com - fermé dim. - menus 30/60 €.* Un petit restaurant intime et familial fondé en 1940, situé dans le centre historique de Bilbao. Il est réputé pour sa cuisine traditionnelle et copieuse servie dans la salle du 1er étage ; un bar à pintxos occupe le rez-de-chaussée. La cave est bien fournie en riojas.

12 **Los Fueros** – ***G5*** *-Los Fueros, 6 - 944 153 047 - www.losfueros.com - fermé mar. - menus 30/50 €, carte 26/45 €.* On qualifierait ce restaurant de botxero, tant il semble incarner l'âme de Bilbao. Ouvert en 1878, il a été soigneusement mis au goût du jour tant en ce qui concerne la décoration que la carte. En effet, les grands classiques de la cuisine locale se réinventent sans oublier leurs racines. Gambas à la plancha réputées. Excellent rapport qualité-prix.

EL ENSANCHE

Moins de 30 €

4 **Colmado Ibérico** – ***E5*** - *Urkixo Zumarkalea, 20/Alameda de Urquijo, 20 - 944 436 001 - www.colmadoiberico.com - fermé dim. - menus 10,90/15,90 € (déj. sem.) ; 24,50 € (déj. w.-end).* Au comptoir, on sert des plats sur le pouce, tandis qu'en salle la carte est spécialisée dans les produits ibériques, en particulier la viande de porc : *lomo* (filet mignon), *solomillo* (aloyau), jambon bellota, etc. Produits à emporter également.

5 **Atea** – ***F4*** - *Pasealekua Uribitarte, 4 - 944 005 869 - www.atearestaurante.com - fermé dim. soir et lun. - menus 16,50/46 € - carte 28/35 €.* Un restaurant au décor moderne, avec vue sur la ría de

G. Azumendi/age fotostock

Salle du restaurant Atea.

Bilbao (terrasse couverte). La carte très portée sur la « nouvelle cuisine » basque, change au fil des saisons : *chipirones* (calamars) aux oignons confits, confit de canard au vinaigre de Xérès, etc.

6 **Garibolo** – ***F5*** - *Fernández del Campo, 7 - ✆ 944 223 255 - www.garibolo.com - fermé autour de Noël, et soirs sf vend. et sam. - menu déj. (sem.) 14,50 €, dîner 20,50 €.* L'une des adresses préférées des végétariens et des vegans qui devrait séduire tous les publics avec ses préparations fraîches et saines.

7 **Yandiola** – ***E5*** - *Pl. Arriquíbar, 4 - ✆ 944 133 636 - www.yandiola.com - fermé dim. soir et lun. - menu déj. 28 €, plats autour de 20/26 €.* Situé dans l'enceinte de l'Azkuna Zentroa (*p. 29*), ce restaurant organisé autour d'une cuisine ouverte propose des plats inspirés des quatre coins du monde, revus à la sauce basque. Petite terrasse à la belle saison.

❤ 8 **La Viña del Ensanche/ El Taller** – ***F4*** - *Diputazio, 10 - ✆ 944 155 615 - www.lavinadelensanche.com - fermé dim. - menus 35/50 €.* Une institution depuis 1927 où se côtoient un bar à pintxos et un restaurant, séparés par une épicerie fine. Très appréciée des locaux, cette adresse bat son plein les soirs de week-end. Laissez-vous conseiller par les serveurs !

De 30 à 50 €

1 **Dando la Brasa** – ***G6*** - *Arechaga, 7 - ✆ 944 304 076 -*

www.dandolabrasa.com - carte 20/30 € - menus 34/54 €. Ce restaurant branché propose une délicieuse cuisine aux influences sud-américaines (cebiches, tiraditos) et asiatiques. L'esprit vintage du décor et le sourire du service en font le reste.

❤ 9 **Bascook** – ***G4*** - *Barroeta Aldamar, 8 - ✆ 944 009 977 - www.bascook.com - fermé dim. midi, lun.-merc. soirs - menu déj. (sem.) 32 €, menu dégustation 40/60 €.* Aitor Elizegi, chef dont la réputation n'est plus à faire, a installé l'un de ses restaurants dans un ancien entrepôt de sel réaménagé avec goût. Dans ce temple du « slow food » où les produits locaux sont privilégiés, on trouve des plats végétariens et on vous fera goûter aux vins pour faire votre choix !

Plus de 85 €

❤ 10 **Nerua** – ***F3*** - *Abandoibarra Etorbidea, 2 - ✆ 944 000 430 - www.neruaguggenheimbilbao.com - fermé dim. soir, lun. et mar. soir - menus 85/170 €.* Le restaurant du musée Guggenheim est l'un des établissements étoilés Michelin de Bilbao. Derrière le piano, le jeune chef Josean Alija privilégie « arôme, beauté, texture et saveurs ». La salle très moderne donne sur le Nervión et ne compte qu'une dizaine de tables ; pensez à réserver ! Si le moment n'est pas venu de faire une folie, essayez la **brasserie** *(2e étage du musée - www.bistroguggenheimbilbao.com)*, même maison, pour un repas satisfaisant et plus abordable *(22 € déj. express plat/dessert).*

11 **Etxanobe** – ***D3*** - *Abandoibarra Etorbidea, 4 - ✆ 944 421 071 - etxanobe.com - fermé dim. - menus 83 à 119 €.* Fernando Canales, surnommé Etxanobe, a reçu une étoile Michelin pour l'excellence de sa cuisine qui mêle tradition et innovation. Le restaurant, situé au dernier étage du palais des Congrès (palacio Euskalduna), dispose d'une magnifique terrasse panoramique.

GETXO

De 30 à 50 €

Sukam – *Pl. Zubiko - M Arreeta - ✆ 946 850 992 - sukam.es - fermé lun. et le soir mar., merc. et dim. - menu déj. sem. 23,50 €, carte 35/45 €.* Dans son beau restaurant avec vue sur le pont de Biscaye, Alvaro Martínez, formé à bonne école (El Bulli, Arzak...), prépare une cuisine méditerranéenne matinée de touches asiatiques. La carte est courte et change régulièrement mais l'excellence est toujours au rendez-vous.

Plus de 50 €

Cubita – *Galea Errepidea, 30 - ✆ 944 911 700 - www.restaurantecubita.com - fermé dim. soir et merc. soir - menus 50/80 €.* Cet établissement construit autour d'un ancien moulin du 18e s. est une valeur sûre de Getxo. Les menus sont très complets (et chers) mais on peut manger à moindre frais à la carte. Cuisine traditionnelle et vue magnifique sur l'embouchure du Nervión, dans le golfe de Gascogne.

ST-SÉBASTIEN

***Plan de quartier* p. 48**

St-Sébastien est réputé à la fois pour ses **pintxos** et pour l'excellence de son offre gastronomique : pêche du jour, légumes guipúzcoans, fromage de brebis ou *kaiku* (fromage caillé). La plupart des adresses sont concentrées dans le quartier historique. Pensez aussi à notre sélection de bars à pintxos : la plupart proposent également des menus.

BAIE DE LA CONCHA

Moins de 30 €

2 **La Perla** – ***D5*** - *Kontxa Pasealekua/Paseo de la Concha - ✆ 943 462 484 - www.la-perla.net/restaurante - fermé lun. soir et mar. d'oct. à mars - menu midi en sem. (sf août) 24 € - menu soir en sem. (sf août) 30 € (33 € en terrasse) - carte 45 €.* Dans le grand centre de thalassothérapie de la ville, un magnifique emplacement face à la plage de la Concha. Belle verrière ou terrasses avec vue sur la mer ; cuisine moderne et légère : lotte grillée sauce à l'ail, foie de veau à la mangue, etc.

PARTE VIEJA

De 30 € à 50 €

3 **La Muralla** – ***E3*** - *Embeltrán, 3 - ✆ 943 433 508 - www.restaurantelamuralla.com - fermé dim. soir sf été - menus 32/42 € (sem.), 43/49 € (w.-end) - réserv. conseillée.* Le jeune patron gère avec fierté son affaire. Derrière la discrète façade, on découvre une petite salle au cadre soigné et contemporain, à l'atmosphère tranquille. La carte met l'accent sur les produits issus de la pêche locale : anchois frais, cabillaud, langoustines, etc.

4 **Bokado** – ***D2*** - *Pl. Jacques-Cousteau, 1 - ✆ 943 431 842 - www.bokadomikelsantamaria.com - fermé lun. et mar. et dim. soir - menu 54/62 €.* Situé à côté de l'aquarium, ce restaurant très design vaut d'abord pour la vue panoramique époustouflante qu'il offre sur la baie. Tendance « nouvelle cuisine » basque.

5 **Bodegón Alejandro** – ***E2*** - *Fermín Calbetón, 4 - ✆ 943 427 158 - www.bodegonalejandro.com - fermé 22 déc.-14 janv., dim. soir et lun. - menu dégustation 52 €, carte 41/66 €.* Si vous cherchez une adresse de la vieille ville fidèle aux valeurs basques et aux recettes traditionnelles, n'hésitez plus : ce restaurant offre qualité et service irréprochable.

❤ 6 **Nestor** – ***E2*** - *Arrandegi, 11/Pescadería, 11 - ✆ 943 424 873 - fermé dim. soir et lun. - env. 25 €.* Devenu incontournable dans « Lo Viejo », ce minuscule bar ne désemplit pas. Touristes et locaux viennent se régaler de la spécialité qui a fait sa renommée : la côte de bœuf, vraisemblablement la plus succulente de Donostia, que l'on déguste accompagnée de poivrons grillés et de délicieuses tomates issues des terroirs basques. On mange debout au comptoir et on profite de l'ambiance joyeuse et pittoresque.

7 **Zumeltzegi** – ***E2*** - *Fermín Calbetón, 15 - ✆ 943 428 821 - www.restaurantezumeltzegi.com - fermé jeu. - menu 25/36 €.* Bar à pintxos

au rez-de-chaussée et restaurant chic en bas, la carte rend hommage à l'excellente qualité des produits de la mer et du terroir basques. Cuisine traditionnelle, légèrement sophistiquée (poivrons de piquillo farcis à la béchamel de morue, *txipirones* à l'encre), que l'on déguste dans une salle dont les murs en pierre datent de la reconstruction de la ville au 19e s.

8 **La Rampa** – ***D3*** - *Paseo del Muelle, 26-27/Kaiko Pasealekua, 26-27 - ☏ 943 421 652 - www.restaurantelarampa.com - fermé mar. soir et merc.* Ici, on s'installe en terrasse face au port et on se régale de poissons et de fruits de mer, préparés sans artifices.

Plus de 50 €

9 **Kokotxa** – ***E2*** - *Kanpandegi, 11 - ☏ 943 421 904 - www.restaurantekokotxa.com - fermé 15-28 fév., 1er-15 juin, 15-31 oct., mar. soir (janv.-juin), dim. soir et lun. - menus 88/120 €, carte 58/72 €.* Dans ce restaurant actuel au cœur de la vieille ville, vous bénéficierez d'un service aussi aimable que professionnel. La cuisine traditionnelle est remise au goût du jour avec un menu du marché.

EL CENTRO

Moins de 30 €

❤ 1 **KaXilda** – ***E5*** - *Arroka, 2 - ☏ 943 571 987 - www.kaxilda.net - ouv. tlj midi et soir - menu déj. sem. 16 €.* Un restaurant-librairie niché au fond d'une petite impasse, près de la gare. Un espace de rencontre, d'échange et de création artistique où « mordre les mots, alimenter la pensée » est la devise.

10 **Casa Vallés** – ***F5*** - *Reyes Catolicos, 10 - ☏ 943 452 210 - www.barvalles.com - ouv. tlj midi et soir - raciones 5-18 €.* Dans un cadre typique, cette institution permet de se sustenter de raciones au bar ou d'apprécier une cuisine traditionnelle au restaurant. Une adresse « de toda la vida » (indémodable), où a été inventée la célèbre « gilda », un pintxo emblématique de la ville...

Plus de 50 €

11 **Narru** – ***E4*** - *San Martín, 22 - ☏ 843 931 405 - https://narru.es - carte 50 €.* Le chef Iñigo Peña concocte des plats qui mettent à l'honneur la qualité des matières premières de la région. Des recettes simples, préparées dans la cuisine ouverte, qui laissent s'exprimer toute la saveur des ingrédients. Cadre raffiné et ambiance intimiste. Une valeur sûre.

15 **Restaurante Bernardo Etxea** – ***E5*** - *Triunfo, 3 - ☏ 943 462 384 - bernardoetxea.com - fermé merc. soir - carte 50 €.* Ce restaurant propose une cuisine traditionnelle dans un cadre chic et raffiné. Les plats sont préparés selon les règles de la cuisine basque, avec quelques touches d'inventivité. Pour une occasion spéciale.

GROS

De 30 € à 50 €

13 **Ni Neu** – ***F2*** - *Zurriola, 1 - ☏ 943 003 162 - www.restaurantenineu.com - fermé mar. et merc. soir, et dim. et lun. - menu dégustation 38 €.*

Terrasse du restaurant de La Perla.

Situé dans le palais des congrès, ce restaurant branché est très agréable avec sa verrière et sa terrasse au bord de la *ría*. La carte s'articule autour des produits de saison. On peut aussi se régaler de pintxos au comptoir.

16 **TOPA Sukaldería** – **F2** - *Aguirre Miramón, 7 - ☏ 943 569 143 - http://topasukalderia.com - carte 20/30 €.* Ce restaurant façon cantine mélange gastronomie basque et sud-américaine. Dans un cadre accueillant, on déguste du ceviche, du guacamole ou encore des tiraditos. Un hommage frais et inventif aux liens historiques entre le Pays basque et l'Amérique latine.

17 **Galerna** – **G2** - *Kolon Pasealekua, 46 - ☏ 943 278 839 - http://galernajanedan.com - carte 20/35 €.* Tenu par deux jeunes chefs locaux, ce restaurant travaille en grande partie avec des producteurs de la région. Les matières premières du terroir basque dévoilent ainsi toutes leurs nuances dans des recettes savoureuses et souvent surprenantes.

À PROXIMITÉ

14 **Mirador de Ulía** – **H1** - *Ulia Pasealekua, 193 - ☏ 943 272 707 - www.miradordeulia.es - fermé 15-31 déc. et lun.-mar. - menu dégustation 120 €, carte 58/80 €.* Perché sur l'une des montagnes entourant la ville, le restaurant jouit d'une magnifique vue sur la baie et propose une cuisine actuelle inventive qui allie à la perfection technique et bons produits.

Prendre un verre

Repérez les adresses sur nos plans grâce aux pastilles numérotées (ex. 1). Les coordonnées en rouge (ex. C2) font référence au plan détachable (à l'intérieur de la couverture).

BILBAO

***Plans de quartier** p. 18 et 22-23*

CASCO VIEJO

1 **El Tilo de Mami Lou** – ***G5*** - *Arenal, 1 - ☏ 944 168 867 - www.mamiloucupcake.com - fermé dim.* Café historique, El Tilo a été remis au goût du jour : dans un intérieur Art nouveau soigneusement restauré, les clients peuvent se régaler de délicieux cupcakes et autres pâtisseries, qu'ils accompagnent d'une tasse du meilleur café de Bilbao.

2 **Larralde** – ***G6*** - *Dendarikale, 42/Tendería, 42 - ☏ 946 155 372 - fermé dim. après-midi.* Depuis 1910, une véritable institution pour les amateurs de douceurs : chocolats, carolinas (tarte à la crème pâtissière, meringue et chocolat), gâteau de riz, guimauves...

3 **Turronería Adelia Iváñez** – ***G5*** - *Posta, 12/Correo, 12 - ☏ 944 169 326 - www.adeliaivanez.com - ouv. tlj.* Depuis cinq générations, on vend et on déguste ici du touron, des glaces et des pâtisseries maison très appréciées. Certains produits conviendront aux personnes intolérantes au gluten et au lactose.

EL ENSANCHE

4 **Pastelería Don Manuel** – ***E5*** - *Urkixo Zumarkalea, 39/Alameda de Urquijo, 39 - ☏ 944 438 672 - www.pasteleriadonmanuel.com - ouv. tlj.* Une pâtisserie fort courue, parfaite pour le petit-déjeuner ou pour faire une pause en savourant le *bolso de mantequilla* (petit pain au beurre), spécialité des pâtisseries de la ville. On peut aussi rapporter une *tarta de Gernika*, dont la recette reste secrète et qui se conserve longtemps...

5 **Pastelería New York** – ***G4*** - *Buenos Aires, 15 - ☏ 946 232 517 - ouv. tlj.* Une pâtisserie-salon de thé avec décor à l'ancienne et murs ornés de fresques et des tables en bois. Beau choix de viennoiseries, biscuits et créations inspirés de dessins animés !

❤ 6 **Café Iruña** – ***F4*** - *Albia Lorategia, 7/Jardines de Albia, 7 - ☏ 944 237 021 - www.cafeirunabilbao.net - menu midi 14,90 € - menu soir 29 € - petit-déj. complet 4 € - ouv. tlj.* Situé sur une place agréable, ce café fondé en 1903 est devenu l'un des classiques de Bilbao. Sa décoration est surprenante (plafonds et éléments d'inspiration mudéjare). Grand choix de pintxos et ambiance animée en soirée.

7 **El Bunker (Hôtel Carlton)** – ***E4*** - *Pl. Moyúa, 2 - ☏ 944 162 200 - www.hotelcarlton.es.* À défaut d'y loger, venez prendre un thé (ou un cocktail) dans l'un des bars du Carlton. Le Bunker le bien nommé doit

Atlantide Phototravel/Corbis Documentary/Getty Images

Intérieur du café Iruña.

son nom à l'ancien abri qui se trouvait là pendant la guerre civile. Ambiance cosy avec boiseries et fauteuils club.

8 **Baobab** – *G4 - Printzipe, 1, à l'angle avec Erripa/Ripa - ✆ 946 534 115 - www.baobabteteria.com - fermé lun. midi.* Un salon de thé pas comme les autres où l'animation est quasi quotidienne. Livres à disposition et soirées poésie. Le jeudi, la bière est à 1 €.

ST-SÉBASTIEN

***Plan de quartier** p. 48*

Comme ailleurs en Espagne, les Basques sont friands de douceurs. Certaines pâtisseries, institutions locales, possèdent un comptoir ou une terrasse pour grignoter une spécialité avec un café.

BAIE DE LA CONCHA

20 **Café de la Concha** – *D5 - Paseo de la Concha - ✆ 943 473 600 - www.cafedelaconcha.com.* Idéalement situé, ce café permet de prendre une tasse de thé au calme, tout en admirant la mer à travers les grandes baies vitrées. Un moment de pure magie. À midi et à l'heure du dîner, la maison propose des plats simples et savoureux.

PARTE VIEJA

1 **Pastelería Izar** – *E3 - Nagusia, 2/ Mayor, 2 - ✆ 943 423 438 - www.pasteleriaizar.es - ouv. tlj.* Réputée pour ses mille-feuilles depuis 1949.

2 **Pastelería Otaegui** – ***E2*** - *Narrika, 15 - ✆ 943 425 606 - www.pasteleriaotaeguionline.com - fermé lun.* L'une des plus anciennes de la ville (1886), réputée pour ses tourons et sa *pantxineta*, une base de pâte feuilletée, avec de la crème et des amandes, servie tiède.

3 **Ijentea Kafea** – ***E3*** - *Ijentea, 4 - ✆ 943 435 092 - ouv. tlj.* Idéalement situé à côté de l'hôtel de ville et du Real Club Nautico (*voir p. 40*), ce café propose l'un des petits déjeuners les plus complets de Donostia, qu'ils soient salés ou sucrés. Tout en boiseries, l'intérieur, baigné de lumière naturelle, accueille une clientèle plutôt branchée.

EL CENTRO

5 **Dry Bar San Sebastián** – ***F3*** - *Republica Argentina, 4 - ✆ 943 437 600 - www.dry-sansebastian.com - ouv. tlj.* À toute heure de la journée, le bar de l'hôtel María Cristina (*voir p. 51*) offre détente et douceur dans une atmosphère Belle Époque ; vous apprécierez les thés, petits fours et gâteaux. *Voir aussi p. 85.*

❤ 6 **Oquendo** – ***E3*** - *Okendo, 8 - ✆ 943 420 736 - www.caferestauranteoquendo.com - ouv. tlj.* Ouvert depuis 1924, ce café est une institution fréquentée tout au long de la journée par les Donostiarras. Les murs couverts de photos, la salle tamisée et feutrée, les discussions chuchotées font de ce lieu un endroit très reposant et agréable dans la journée. Emplacement idéal, juste en face de l'hôtel María Cristina.

7 **Piripa Café** – ***E5*** - *Pl. Easo, 4 - ✆ 943 051 340 - ouv. tlj.* Les Donostiarras viennent ici prendre leur petit déjeuner en terrasse : jus, différents types de pain, pâtisseries maison... À l'intérieur, déco vintage et cosy et ambiance décontractée.

8 **Kafé Botanika** – ***F4*** - *Gernikako Arbola Pasealekua, 8/Paseo Árbol de Guernica, 8 - ✆ 943 443 475 - ouv. tlj.* Il fait bon s'installer sur la terrasse fleurie de cette ancienne villa au bord de l'Urumea, le temps d'un petit-déjeuner complet ou simplement d'un café. Et si une petite faim se fait sentir, demandez la carte, à base de plats du monde, sains et savoureux, dont certains végétariens.

GROS

❤ 9 **Taba** – ***G4*** - *Dans Tabakalera, Pl. Andre Zigarrogileak, 1/pl. de las Cigarreras, 1 - ✆ 943 118 855 - ouv. tlj.* Le café de Tabakalera permet de se reposer après la visite du centre culturel. Aux beaux jours, sa terrasse est prise d'assaut par une foule d'habitués.

Shopping

Repérez les adresses sur nos plans grâce aux pastilles numérotées (ex. 1). Les coordonnées en rouge (ex. C2) font référence au plan détachable (à l'intérieur de la couverture).

BILBAO

***Plans de quartier** p. 18 et 22-23*

Beaucoup de boutiques se concentrent autour de Gran Vía (Nagusia Kalea) et dans les rues qui partent de la plaza Moyúa, comme Ercilla et Elcano.

Pour les horaires, *p. 96.*

CASCO VIEJO

Mode

1 **Skunkfunk** – **G5** - *Víktor, 5 - 946 054 955 - www.skfk-ethical-fashion.com.* Les femmes modernes et élégantes apprécieront cette boutique. Attention, boutique fermée sam. apr.-midi en été.

2 **Zergatik** – **G5** - *Víktor, 4 - 946 792 008 - www.zergatik.com.* Vêtements et accessoires de création basque.

3 **Serie B** – **G5** - *Lotería, 2 - 944 155 404 - www.seriebshop.com.* Vêtements et chaussures streetwear.

4 **Matxi** – **G5** - *Bidebarrieta, 12 - 629 482 869 - www.matxi.com.* Accessoires tendance, bijoux colorés et vêtements classiques ou plus originaux pour femme.

Gourmandises

5 **Gregorio Martín** – **G6** - *Artekale, 22 - 944 153 707.* Cette épicerie presque centenaire a gagné sa réputation en vendant de la morue *(bacalao)* sous toutes ses formes. Aujourd'hui, on y trouve aussi légumes secs, conserves, huiles d'olive, charcuteries... Fermé sam. apr.-midi en été.

6 **La Bendita** – **G6** - *Done Jakue Karrera, 1/Carrera de Santiago, 1 - 946 523 623 - www.labendita bilbao.com.* Une boutique microscopique, accolée au portique de la cathédrale, où l'on trouve un grand choix de produits

Mode « made in Spain »

Les fans de shopping connaissent, peut-être sans le savoir, un certain nombre d'enseignes espagnoles : Camper, Zara, Mango, Massimo Dutti, Desigual... pour ne parler que de mode ! Au fil des rues commerçantes de Bilbao et de St-Sébastien, vous verrez leurs boutiques où les prix sont généralement 25 % moins chers que dans les autres pays. Mais il y a d'autres marques à découvrir : Cortefiel (mode homme et femme, prix moyens), Bimba y Lola (mode femme, chic et cool), Dolores Promesas (mode femme, chic et plus cher), Sfera (mode homme et femme bon marché), Ale-Hop (cadeaux, gadgets, déco), Aristocrazy, et Tous (montres, bijoux)...

gastronomiques du Pays basque et d'autres régions d'Espagne.

Artisanat

7 Meltxora – **G6** - *Harategi Zahar Kalea, 16/Carnicería Vieja, 16 - ✆ 944 153 562 - www.meltxora.com.* Une boutique plus que centenaire où l'on trouve costumes traditionnels basques, objets et blouses d'écoliers comme on n'en voit plus ailleurs...

8 Cestería Alonso – **G6** - *Belostikale, 15 - ✆ 944 153 351 - www.cesteriaalonso.com.* Une mine pour les amateurs d'objets en osier.

19 Sombreros Gorostiaga – **G5** - *Víktor, 9 - ✆ 944 161 276.* Depuis sa création en 1857 par la famille Gorostiaga, ce magasin vend des *boinas* (bérets) ainsi qu'une belle collection de chapeaux de fabrication artisanale.

EL ENSANCHE

Grand magasin

9 El Cortes Inglés – **F5** - *Nagusia, 7/Gran Vía, 7 - ✆ 944 253 500 - www.elcorteingles.es.* LE grand magasin espagnol où l'on trouve absolument de tout, y compris un excellent rayon de produits alimentaires.

Foot

10 Bilbao Athletic Club Store – **E4** - *Mazarredo Zumarkalea, 44 - ✆ 944 100 843 - www.athletic-club.eus.* Un lieu à ne pas manquer pour les fans du club de foot de la ville : maillots, accessoires aux couleurs de l'équipe... Autre adresse : Bidebarrieta, 10.

Mode

11 Minimil – **E4** - *Recalde Zumarkalea, 25/Alameda de Rekalde, 25 - ✆ 944 232 043 - www.minimil.es.* Boutique pour les femmes sous l'influence de Balenciaga depuis 1987.

12 Loreak Mendian – **E4** - *Rodríguez Arias, 24 - ✆ 944 273 447 - www.loreakmendian.com.* Des coupes simples pour hommes et femmes.

13 No Name – **D4** - *Urkixo Zumarkalea, 82/Alameda de Urquijo, 82 - ✆ 944 423 927 - www.nonamebilbao.com.* Une boutique de streetwear dont la majorité des marques provient de la région. On y trouve vêtements, chaussures et accessoires mais l'endroit accueille aussi expositions et concerts.

18 Persuade – **G4** - *Villarías, 8 - ✆ 944 238 864 - www.persuade.es.* Un lieu magique : un ancien entrepôt de céramique aménagé comme une maison, où chaque objet est mis en scène : porcelaine de Chine, vêtements de créateurs.

Gourmandises

Dans les pâtisseries, ne manquez pas le *bolso de mantequilla* (petit pain au beurre), la *carolina* (tartelette meringuée au chocolat) et le *pastel de arroz* (gâteau à la farine de riz).

Mercado de La Ribera – **G6** - *p. 19 et 66.* Incontournable pour faire le plein de bonnes choses à manger !

14 Arrese Gozotegia – **F4** - *Nagusia, 24/Gran Vía, 24 - ✆ 944 234 052 - www.arrese.biz.* Fondée en 1852, cette pâtisserie propose toutes sortes de sablés et de confiseries, dont des truffes fameuses.

Le marché de la Bretxa dans la vieille ville de St-Sébastien.

15 Pastelería Martina de Zuricalday – **E5** - *Ercilla, 43 - ✆ 944 435 796 - www.martinazuricalday.com.* Une institution depuis 1830, réputée pour ses tourons au chocolat et deux spécialités locales : le *bolso de mantequilla* (petit pain au beurre) et le *pastel de arroz* (gâteau à la farine de riz).

17 Viandas de Salamanca – **E5** - *Ercilla, 40 - ✆ 944 415 198 - www.viandasdesalamanca.es.* Toutes les charcuteries espagnoles réunies dans cette *jamonería* (de *jamón*, jambon). Faites-les emballer sous vide pour les transporter plus facilement. Également de délicieux sandwichs à emporter.

Librairies, galeries d'art, design

20 Librería Binario – **E3** - *Iparraguirre, 9 - ✆ 944 242 391 - www.binariolibros.com.* Une référence en matière d'art, de design et d'architecture.

Bilbao Art District

p. 28. *www.bilbaoartdistrict.com.* Beaucoup de galeries et de magasins dédiés au design se trouvent autour du Guggenheim, parmi lesquels :

22 Narata – **D5** - *Indautxu, 4 - ✆ 944 399 047 - www.naratashop.blogspot.fr.* Même genre que le précédent. Les créations des artistes invités changent deux fois par mois.

Pensez aussi aux boutiques du musée Guggenheim (*p. 14*), du musée des Beaux-Arts (*p. 26*) et d'Azkuna Zentroa (*p. 29*).

ST-SÉBASTIEN

Plan de quartier p. 48

L'avenue de la Libertad et les rues adjacentes concentrent le plus grand nombre de boutiques de mode. Les ruelles de la vieille ville hébergent des magasins d'artisanat et de souvenirs.

Pour les horaires, p. 96.

PARTE VIEJA

Marché

9 Mercado La Bretxa – **E2** - *Boulevard Zumardia, 3 - ✆ 943 430 336 - ww.cclabretxa.com.* Tout près de la Parte Vieja, deux beaux édifices (fin 19e s.) encerclent la place de La Bretxa. L'un abrite le marché traditionnel sur 2 niveaux, l'autre (donnant sur le Boulevard), des boutiques de mode. Sur la place, petit marché de producteurs chaque matin.

Mode

3 Pukas Surf Shop – **E3** - *Nagusia, 5/Mayor, 5 - ✆ 943 427 228 - www.pukassurf.com.* Cette famille de Zarautz, ville réputée pour ses plages, vend des surfs, vêtements et accessoires depuis 1978.

Autre boutique av. Zurriola, 24 près du Paseo marítimo.

4 Noventa Grados – **E3** - *Nagusia, 3/Mayor, 3 - ✆ 943 420 760 - www.noventa-grados.com.* Un concept store regroupant coiffeur, vêtements de créateurs, chaussures, accessoires, bijoux et une parfumerie.

5 Irulea – **E3** - *Nagusia, 7/Mayor, 7 - ✆ 943 426 029 - www.irulea.com.* Spécialisé dans les vêtements pour bébé et enfant, ainsi que dans le linge de maison, Irulea, en basque,

signifie fileuse. Une affaire familiale depuis 1932. Pour l'anecdote, la petite princesse Charlotte Elizabeth Diana d'Angleterre portait un bonnet en coton de la boutique à sa naissance (2015).

22 **Leclercq** – **E2** - *Narrica, 18 - ✆ 943 436 150 - lun.-sam. 11h-14h, 16h-20h.* Depuis 1932, cette chapellerie au charme rétro propose tous les types de couvre-chefs, dont le célèbre béret basque. Un endroit au chic indémodable.

20 **Ponsol** – **E3** - *Narrica, 4 - ✆ 943 420 876 - www.casaponsol.com - lun.-sam. 10h-13h, 16h-20h.* Patrimoine de la ville, Casa Ponsol ouvrit ses portes en 1838. Cette boutique, dont l'intérieur mérite un coup d'œil, vend chapeaux et vêtements pour homme et femme dans un style intemporel.

21 **Vinos Martinez** – **E2** - *Narrica, 29 - ✆ 943 420 870 - www.vinosmartinez.com - lun.-sam. 10h-20h.* Les étagères de cette institution, un caviste centenaire, regorgent de bouteilles soigneusement sélectionnées parmi les meilleurs crus du pays.

Gourmandises

6 **Galparsoro** – **E3** - *Nagusia, 6/ Mayor, 6 - ✆ 943 421 074 - www.galparsorookindegia.eu.* Ouverte depuis 1933, on dit que c'est la meilleure boulangerie de St-Sébastien et la file d'attente permanente l'atteste ! On y trouve notamment la *flauta,* sorte de grand gressin que les enfants grignotent.

Librairie/Souvenirs/Artisanat

7 **Elkar** – **E2** - *Fermín Calbetón, 21 - ✆ 943 420 080 - www.elkar.eus.* Librairie que l'on retrouve dans toutes les villes d'Euskadi. Ouvert le dim.

8 **Koloreka** – **E2** - *San Jeronimo, 19 - ✆ 645 703 539 - www.koloreka.com - ouv. vend.-dim. apr.-midi.* Nerea et Ramón souhaitent partager leur bonne humeur en vendant leurs illustrations, peintures et sérigraphies pleines d'humour et de couleurs.

19 **Alboka** – **E2** - *Pl. de la Constitución, 8 - ✆ 943 426 300 - https://albokaartesania.com.* Une caverne d'Ali Baba, autre institution depuis 1939, avec le meilleur de l'artisanat régional. Ouv. dim. matin.

EL CENTRO

Marchés

10 **Mercado San Martín** – **E4** - *✆ 943 427 545 - www.msanmartin.es.* Situé au cœur d'El Centro (*p. 50*), ce marché très moderne allie marché traditionnel et boutiques sur 5 niveaux. L'enseigne Zara tient ici le plus grand emplacement d'Espagne. Autour du marché, toutes les rues sont piétonnes.

Mode

1 **Zergatik** – **E4** - *Hernani, 10 - ✆ 943 332 987 - www.zergatik.com.* Des vêtements et accessoires de création basque, aux effets asymétriques abordables, dans une boutique à la déco de type industriel, tout près de la plage de la Concha. *Outlet* au 2e étage.

2 **Loreak Mendian** – **E4** - *Hernani, 27 - ✆ 943 434 176 - www.loreakmendian.com.* Fondée par deux Basques, cette marque compte

aujourd'hui plusieurs boutiques, tant en Espagne qu'en France. Leurs vêtements pour hommes et femmes combinent esprit urbain et coupes simples.

11 **Minimil** - ***E3*** - *Garibay, 3 - ✆ 943 428 677 - www.minimil.es.* Depuis les années 1980, Contxu Uzkudun et ses deux filles ont créé cette marque basque de vêtements pour femme, conçus et réalisés à St-Sébastien. Coupes sobres et modernes, tissus de grande qualité. Accessoires et bijoux.

12 **Benegas** - ***E3*** - *Garibay, 12 - ✆ 943 420 305 - www.perfumeriabenegas.com.* Cette parfumerie chic vend aussi ses propres créations telles que Benegas et Sirimiri. Elle propose un salon dédié à la marque Chanel, décoré dans le style de l'appartement de Coco Chanel. Spa en cabine avec des produits Guerlain. Une institution depuis 1908.

13 **Box**- ***F4*** - *San Martín, 12 - ✆ 943 421 240 - www.bolsosbox.com.* Installée depuis 1965, cette maroquinerie locale vend des sacs, vestes en cuir et accessoires. *Autre adresse : Peñaflorida, 10 - ✆ 943 421 426.*

14 **Torrubia & Torrubia** - ***E3*** - *Legazpi, 2 - ✆ 943 420 664 - www.torrubiatorrubia.com.* Très belle boutique où les bijoux sont des créations de qualité.

15 **Minük** - ***E3*** - *Elkano, 7 - ✆ 943 108 586.* Boutique proposant une sélection de vêtements et accessoires pour femmes, dans un style chic et branché.

18 **Room 278** - ***F5*** - *Larramendi, 7 - ✆ 943 840 588 - www.room278.eu.* Souvenirs, déco, jeux : les principaux points d'intérêt de la ville sont détournés de façon originale. Boutique fermé le sam. apr.-midi.

Gourmandises

17 **Granel** - ***E5*** - *Larramendi, 23 - ✆ 943 530 862 - www.granelslowshop.com.* Alimentation responsable où vous trouverez café, thé, riz, céréales, fruits secs…

Sortir

Repérez les adresses sur nos plans grâce aux pastilles numérotées (ex. 1). Les coordonnées en rouge (ex. C2) font référence au plan détachable (à l'intérieur de la couverture).

BILBAO

Plans de quartier p. 18 et 22-23
Vous arpenterez bien sûr les rues du Casco Viejo, mais également celles de l'autre côté de la *ría*, près du puente del Ayuntamiento dans les rues Ledesma, Villarias, del Principe et muelle del Ripa.
Consultez le calendrier des manifestations sur www.bilbaoturismo.net.

CASCO VIEJO

Salle de spectacle

1 **Teatro Arriaga** – ***G5*** - *p. 16 - www.teatroarriaga.eus.* Concerts, danse, opéra.

Bars et boîtes

3 **La Ribera** – ***G6*** - *Erribera, 20/ Ribera, 20 - 946 575 474 - www.lariberabilbao.com - ouv. tlj dès 9h.* Un club de jazz situé sous le marché de la Ribera (*p. 19*), où l'on peut aussi écouter d'autres types de musique *live*.
C'est aussi un très bon bar à cocktails et un restaurant *(20/35 €)*.

EL ENSANCHE

Salles de spectacle

4 **Palacio Euskalduna Jauregia (Palais des congrès et de la musique)** – ***D3*** - *p. 28 - www.euskalduna.net.* Comédies musicales, spectacles de danse, etc. C'est notamment ici que se produit l'orchestre symphonique d'Euskadi.

5 **El Teatro Campos Eliseos** – ***F5*** - *p. 30 - www.teatrocampos.com.* One-man-show et pièces de théâtre. Ceux qui ne parlent pas espagnol apprécieront les concerts de jazz et les spectacles de flamenco... Programmation variée.

Bars et boîtes

6 **Kafe Antzokia** – ***F4*** - *Done Bikendi, 2 - 944 244 625 - www.kafeantzokia.eus - fermé dim.* Ce lieu polyvalent accueille des concerts d'artistes locaux et internationaux (pop, rock, blues, reggae, etc.). En journée, le centre culturel organise diverses manifestations (expositions, conférences, etc.). Le week-end, on danse le soir. Bon restaurant sur place *(menu déj. 15 € en sem./22 € sam.)*.

7 **Cotton Club** – ***E5*** - *Gregorio de la Revilla Zumarkalea, 25/Alameda Gregorio de la Revilla, 25 (entrée par Simón Bolívar) - 944 104 951 - www.cottonclubbilbao.es - fermé dim.-lun.* Dans ce lieu fréquenté par les trentenaires, on boit un verre en écoutant des chanteurs espagnols ou

des groupes divers (sf juil.-août). Le décor affiche une multitude de photos de cinéma et d'autographes laissés par des personnalités lors de leur passage. Un bel endroit !

8 **Café Teatro Memorial** – **F4** - *Ibáñez de Bilbao, 9 - 946 243 219 - www.cafeteatromemorial.com - fermé dim.* Un bon bar à pintxos en journée qui se transforme le soir en une boîte où l'on danse jusqu'au petit matin. Une référence à Bilbao.

9 **Le Club** – **E5** - *Hotel Ercilla - www.hotelercilla.com.* Au dernier étage de l'hôtel Ercilla (*p. 87*), un *rooftop bar* accessible à tous avec une superbe terrasse qui domine les toits de la ville. Parfait pour un verre avant ou après dîner

10 **La Terraza Yandiola** – **E5** -

p. 69. Autre *rooftop bar* recherché, celui-ci est situé dans l'enceinte de Azkuna Zentroa (*p. 29*). Grande terrasse et bons cocktails.

HORS DU CENTRE

Salle de spectacle

Bilbao Exhibition Center – *Azkue, 1 - www.bilbaoexhibitioncentre.com.* Grands concerts pop.

ST-SÉBASTIEN

Plan de quartier p. 48

BAIE DE LA CONCHA

Bars et boîtes

1 **Bataplan** – **D5** - *Paseo de la Concha (à côté de La Perla, p. 40) - 943 473 601 - www.bataplandisco.com.* Bataplan est le club de référence des nuits donostiarras avec ses vues sur la baie et sa terrasse en été. Musique techno et ambiance VIP. Ambiance plus calme sur la terrasse El Perlón (même bâtiment que La Perla, l'été uniquement).

2 **GU** – **E3** - *Dans le Real Club Nautico, p. 40 - https://gusansebastian.com.* Le dernier étage héberge ce restaurant-club à la mode, où, le week-end, on danse jusqu'à l'aube. En prime, sa terrasse offre une des plus belles vues sur la Concha.

PARTE VIEJA

Club

3 **Altxerri Jazz Bar** – **E3** - *Erregina Erregeordea, 2/Reina Regente, 2 - 943 424 046 (galerie) et 943 421 693 (bar) - bar fermé lun. ; galerie fermée dim.* Rendez-vous incontournable des amateurs de blues et de jazz et galerie d'art avant-gardiste réputée.

EL CENTRO

Salles de spectacle

4 **Teatro Victoria Eugenia** – **F3** - *República Argentina, 2 - 943 481 160 - www.victoriaeugenia.com.* Le grand lieu des rendez-vous culturels : musique, théâtre, danse. Programmation variée et de qualité.

5 **Victoria Café** – **F3** - *República Argentina, 4, dans le théâtre Victoria Eugenia - 943 420 344 - www.victoriacafe.es - fermé lun. (sf en été).* Le Victoria Café permet de se restaurer ou de prendre un verre sur

Le théâtre Victoria Eugenia.

fond de musique électro : bar branché et restaurant, discothèque *(vend.-sam.)*. Un endroit à fréquenter quelle que soit l'heure.

Bars

7 **Museo del Whisky** - ***E3*** - *Boulevard Zumardia, 5 - ✆ 943 424 678.* On vient dans ici pour déguster... du whisky !

Dry Bar San Sebastián - *« Boire un verre » p. 76.* Le soir, laissez-vous tenter par The Last Cocktail (gin, jus de citron, vin pétillant et infusion de romarin et de poire) ou par l'une des 10 variétés de Martini...

GROS

Bar-club

8 **Le Bukowski** - ***G5*** - *Egia, 18 - www.lebukowski.com.* À deux pas du parc de Cristina Enea, un spot incontournable de la scène alternative. Ce bar propose une programmation variée. Jeune et rock.

Se loger

Repérez les adresses sur nos plans grâce aux pastilles numérotées (ex. 1). Les coordonnées en rouge (ex. C2) font référence au plan détachable (à l'intérieur de la couverture).

BILBAO

Le **prix** des hébergements grimpe pendant la Semana Grande et parfois aussi en fin de semaine. Les hôtels ne possèdent qu'exceptionnellement des places de stationnement, mais négocient parfois des places avec des **parkings** proches. Dans la vieille ville, les soirées sont très animées, surtout en fin de semaine et en été quand les clients des bars débordent sur les trottoirs : tenez-en compte en choisissant votre hébergement.

CASCO VIEJO

Moins de 100 €

1 **Hôtel Bilbao Jardines** – ***G5*** - *Jardines, 9 - ✆ 944 794 210 - www.hotelbilbaojardines.com - 32 ch. 64/90 € - ☕ 6 € - P 12 €.* On apprécie cet hôtel pour la qualité de son accueil. Les chambres, parquetées, possèdent de grandes fenêtres qui ouvrent, pour les plus tranquilles, sur le patio et on aperçoit la bibliothèque de Bilbao.

2 **Bilborooms** – ***G5*** - *Víktor, 3 - ✆ 944 793 591 - www.bilborooms.com - 7 ch. 50/70 €.* Située au 1er étage, cette petite pension charmante et sobre propose des chambres simples, aux tons noirs et blancs, calmes et confortables. Accueil chaleureux.

3 **Petit Palace Arana** – ***G5*** - *Bidebarrieta, 2 - ✆ 944 156 411 - www.petitpalacearanabilbao.com - ♿ - 64 ch. 80/100 € - ☕ 6 € - P possible.* C'est l'un des plus vieux hôtels de la ville et sa situation, proche du théâtre Arriaga, est parfaite pour profiter au mieux de Bilbao. Les chambres sont simples mais dotées de tout le confort ; certaines ont un balcon donnant sur le théâtre. Prêt de vélo.

De 100 € à 150 €

4 **Hôtel Sirimiri** – ***G6*** - *Pl. de la Encarnación, 3 - ✆ 944 330 759 - www.hotelsirimiri.es - ♿ - 56 ch. 80/195 € - ☕ 6 € - P.* Installé dans la vieille ville, près du musée d'Art sacré, cet hôtel (dont le nom rappelle le crachin qui sévit parfois) dispose d'installations modernes et fonctionnelles. Chambres et salles de bains de belles tailles.

10 **Hotel Tayko Bilbao** – ***G5*** - *Ribera, 13 - ✆ 944 652 070 - https://taykohotels.com - ♿ - 54 ch. 110/200 € - ☕ 20 € - P possible.* Situé entre le Casco Viejo et la ría, cet hôtel occupe un bel immeuble années 1920. L'intérieur affiche un esprit industriel (brique, fer, béton) qui, dans les chambres, se double d'un éclairage intimiste et d'une literie vraiment confortable. Chic et épuré. Le petit-déjeuner est servi au restaurant du 1er étage, Patri, géré par Martín Berasategui.

EL ENSANCHE

Moins de 100 €

❤ 6 **Bilbao City Rooms** – ***E4*** *- Recalde Zumarkalea, 24/ Alameda Rekalde, 24 - ✆ 944 256 050 - www.bilbaocityrooms.com - 19 ch. 80/100 €.* Tout proche du Guggenheim, cet hôtel très tendance est particulièrement abordable. Accueil charmant au 1er étage.

De 100 € à 150 €

7 **Hotel Ercilla** – ***E5*** *- Ercilla, 37 - ✆ 944 705 700 - https://hotelercilla.com - ♿ - 325 ch. 85/190 € - ☕ 17 € - P possible.* Idéalement situé à deux pas de la place Moyúa, cet hôtel moderne et confortable dispose de chambres spacieuses et bien équipées (peignoirs, machine à café...). Beau petit déjeuner et *rooftop bar* très agréable (*p. 84*). Au rez-de-chaussée, le restaurant Bermeo est parfait pour boire un verre et grignoter quelques pintxos.

❤ 8 **Hesperia Bilbao** – ***F3*** *- Campo de Volantín Pasealekua, 28/Paseo Campo Volantín, 28 - ✆ 944 051 100 - www.nh-hoteles.es - 151 ch. 90/136 € - ☕ 15 €.* On reconnaît cet hôtel à sa façade ponctuée de bow-windows colorées. Sa situation, à une dizaine de minutes à pied de la plupart des attractions, est parfaite, tout comme les chambres modernes et bien équipées, le copieux petit déjeuner et le très bon restaurant. Un excellent choix dans sa catégorie.

Plus de 150 €

9 **Hôtel Miró** – ***E3*** *- Mazarredo Zumarkalea, 77/Alameda Mazarredo, 77 - ✆ 946 611 880 - www.mirohotelbilbao.com - 50 ch. 100/250 € - ☕ 15 €.* Chambres claires et design, donnant soit sur une cour, soit sur la ville. Bon emplacement – le Guggenheim est à deux pas – et nombreux services (salle de sport, thalassothérapie, massages).

À PROXIMITÉ DU CENTRE

11 **Pensión Miribilla** – ***E7*** *- Juan de Garay, 35 - ✆ 944 105 710 - https://pensionmiribilla.com - 40/80 €.* Ce petit établissement flambant neuf compense sa situation quelque peu éloignée du centre-ville par un niveau de confort et de propreté remarquables. Chambres claires et personnel vraiment attentionné.

ST-SÉBASTIEN

La vieille ville compte un grand nombre de **petites pensions**, généralement aménagées dans de grands appartements en étage, parfois sans ascenseur et sans petit déjeuner. Les chambres sur la rue sont un peu bruyantes, celles sur cour, un peu sombres... La plupart des hôtels ont des accords avec des **parkings** et proposent à leurs clients des tarifs préférentiels (entre 13 et 20 €/j.). Pendant la Semana Grande et en été, les **prix** des hébergements grimpent fortement.

BAIE DE LA CONCHA

De 100 € à 150 €

❤ 2 **Hôtel Niza** – ***D5*** *- Zubieta, 56 - ✆ 943 426 663 - www.hotelniza.com - 40 ch. 85/170 € - ☕ 12 €.* L'entretien

parfait et la décoration agréable de cet hôtel créent un cadre d'où émane un certain charme. Les chambres, aux tons clairs et au mobilier classique, ont pour la moitié d'entre elles un balcon avec vue sur la mer.

PARTE VIEJA

Moins de 100 €

4 **Pensión Koxka** – ***E2*** - *Abuztuaren 31, 22/Agosto 31, 22 - ✆ 943 426 885 - www.pensionkoxkasansebastian.com - 7 ch. 45/120 € - ☕ 5 €.* Pas très grandes, les chambres sont néanmoins parfaitement équipées et joliment décorées selon des thèmes évoquant les monuments de la ville. Celles qui donnent sur la rue piétonne ont un petit balcon. L'accueil est très sympathique et l'emplacement stratégique.

1 **Pensión Edorta** – ***E2*** - *Puerto, 15 - ✆ 943 423 773 - https://www.pensionedorta.com - 50/120 €.* Voici une des adresses préférées des gens du Festival de cinéma. Et pour cause : situation on ne peut plus centrale, accueil souriant et chambres propres et confortables, certaines avec sdb partagée. Un pari gagnant.

EL CENTRO

Moins de 100 €

❤ 5 **A Room in the City** – ***E5*** - *Easo, 20, Manterola, 15 - ✆ 943 429 589 - www.aroominthecity.eu - dortoirs à partir de 26 €/nuit ou ch. privatives à partir de 70 €/nuit.* Très bien située, cette toute nouvelle auberge de jeunesse est une solution parfaite pour loger pas cher à St-Sébastien. Les lits superposés ont été conçus sur mesure, les draps sont fournis, il y a une cuisine et un toit terrasse, idéal pour faire des rencontres.

6 **Pensión Joakina** – ***F3*** - *Camino, 4 - ✆ 656 301 790 - www.pensionjoakina.com - 65/115 €.* Fondée en 1962 par Joakina, c'est aujourd'hui son fils Luis qui gère la pension. Les chambres sont colorées et modernes, toutes avec un balcon ; certaines ont une salle de bains.

GROS

Moins de 100 €

❤ 8 **Pensión Aida** – ***G3*** - *Iztueta, 9, à l'angle avec Iparraguirre, 10 - ✆ 943 327 800 - www.pensionesconencanto.com - 9 ch. 76/99 € + 4 studios (2-4 pers.) 132/167 € - ☕ 5 € - P 15 €.* Vous serez surpris par le confort de cette pension, située à quelques pas du centre historique et du Kursaal. Chambres et studios charmants et bien équipés où la pierre apparente et la couleur se mêlent parfaitement.

9 **Pensión Altair** – ***G3*** - *Padre Larroca, 3 - ✆ 943 293 133 - www.pension-altair.com - 8 ch. 88/95 € (w.-end : 2 nuits mini).* Plus calme que celles de la vieille ville, cette pension située dans le quartier de Gros reste néanmoins toute proche de l'animation. Les chambres sont toutes différentes, modernes et confortables. Excellent rapport qualité-prix. Ordinateur à disposition (gratuit). Également des appartements à louer *(2-4 pers., 125/175 €).*

Plus de 150 €

10 Hotel Arrizul Beach – **G3** - *Peña y Goñi, 1 - ✆ 943 322 804 - www.hotelarrizulbeach.com - 12 ch. 65/250 € - ☕ 9,50 € - P Kursaal 20 €.* Situé en face de Kursaal, cet édifice du 18e s. totalement rénové offre un accueil tout à fait charmant. Les chambres sont modernes et confortables.

ONDARRETA

De 100 € à 150 €

11 Hotel San Sebastián – **A5** - *Avenida Zumalácarregui, 20 - ✆ 943 316 660 - https://hotelsansebastian.net - 90 ch. 80/190 € - P*. Un hôtel pratique et fonctionnel à deux pas de la plage d'Ondarreta. Décorées avec goût, les chambres sont accueillantes et confortables. Une adresse parfaite pour échapper à l'animation du centre-ville.

3 La Galería – **B5** - *Kristina Infantaren, 3 - ✆ 943 216 077 - www.hotellagaleria.com - P - 23 ch. 75/145 € - ☕ 8 €.* Hôtel installé dans le cadre accueillant d'un bâtiment de la fin du 19e s. dont les chambres confortables, garnies de mobilier d'époque, rendent hommage à des peintres célèbres.

AU SUD DELA VILLE

Plus de 150 €

7 Hôtel Astoria 7 – **F7** - *Familia Santua, 1/Sagrada Familia, 1 - ✆ 943 445 000 - www.astoria7hotel.com - 102 ch. 65/200 € - ☕ 15 € - P 14 €.* Situé à une quinzaine de minutes à

Javier Larrea/age fotostock

L'hôtel Hesperia et ses fenêtres colorées.

pied de la vieille ville (3 arrêts de bus), ce bel hôtel moderne a toute sa place dans une cité qui possède un grand festival de cinéma ! Les chambres sont vastes et design, et rendent chacune hommage à un protagoniste du 7e art. Décoré sur le même thème, le bar est parfait pour faire une pause en savourant des pintxos ; excellent restaurant attenant *(13/25 €)*.

Bilbao et St-Sébastien pratique

Préparez votre voyage

Votre séjour de A à Z

Agenda culturel

Entrée du métro de Bilbao par Foster + Partners.
Olaf Speier/Shutterstock.com/Foster + Partners

Préparez votre voyage

FORMALITÉS D'ENTRÉE

Une carte nationale d'identité en cours de validité ou un passeport suffisent pour les citoyens de l'Union européenne, de Monaco, d'Andorre, du Liechtenstein et de la Suisse.
Les Canadiens doivent présenter un passeport valide au moins six mois après la date de leur retour.

DOUANE

La réglementation concernant les importations au sein de l'Union européenne est la même pour tous les pays membres : 4 cartouches de cigarettes, 90 l de vin, 10 l d'alcool fort, 20 l d'alcool intermédiaire (type porto). Pour plus de détails, consultez le site www.douane.gouv.fr.
Pour la Suisse, les règles sont un peu différentes : 2 l de vin ou bière et 1 l d'alcool fort. Information sur le site www.ezv.admin.ch.

ALLER EN AVION

Voir aussi « Arriver à Bilbao et St-Sébastien » p. 3.

Bilbao

Air France – 36 54 - www.airfrance.fr. Vols directs depuis Paris.
easyJet – 0806 14 11 41 - www.easyjet.com. Liaison directe avec Nantes et Genève.
Brussels Airlines – + 32 (0)2 723 23 62 - www.brusselsairlines.com. Vols direct depuis Bruxelles.
Volotea – 0899 232 050 - volotea.com. Vols directs Lyon-Bilbao.
Vueling – 01 84 88 69 48 - www.vueling.com. Liaison directe avec Paris.

St-Sébastien (aéroport de Biarritz)

L'aéroport internationnal le plus proche de St-Sébastien est celui de **Biarritz-Pays basque** (*coordonnées et liaison en bus p. 3*).
Air France – 36 54 - www.airfrance.fr. Vols directs vers Biarritz depuis Lyon, Marseille, Nice, Paris et Strasbourg.
easyJet – 0 820 420 315 - www.easyjet.com. Liaison directe avec Paris.
Ryanair – 0 892 562 150 - www.ryanair.com. Vols directs depuis Bruxelles.
Volotea – volotea.com. Vols directs depuis Marseille.

ALLER EN TRAIN

Voir aussi « Arriver à Bilbao et St-Sébastien » p. 3.
Le **TGV** relie Paris-Montparnasse à Irun (6h pour les directs), où la **Renfe** prend le relais pour conduire à St-Sébastien et Bilbao.
Informations et réservations – 36 35 (service gratuit + prix d'appel) - www.oui.sncf
Iberrail France (représentation des chemins de fer espagnols

Renfe) - ✆ 01 40 82 63 63 - www.iberrail-france.fr

ALLER EN VOITURE

Plusieurs autoroutes convergent vers le Pays basque : l'A 10 et l'A 62 relient respectivement Paris et Toulouse à Bordeaux, d'où l'A 63 conduit jusqu'à Bayonne puis à Hendaye. Le passage en Espagne se fait à Irun où l'A 8 prend le relais en direction de St-Sébastien et Bilbao.
Informations autoroutières – ✆ 01 49 55 33 00 - www.autoroutes.fr

Cartes Michelin

Cartes Région 573 (Pays basque et Navarre) au 1/250 000.
Carte d'Espagne-Portugal 734.
En ligne : calcul d'itinéraires sur **www.ViaMichelin.fr**

ALLER DE BILBAO À ST-SÉBASTIEN

Une centaine de kilomètres séparent Bilbao et St-Sébastien.

En voiture

Le plus rapide consiste à prendre l'autoroute AP-8 (péage) qui dessert les deux villes.

En bus

Navette de l'aéroport de Bilbao à la gare routière de St-Sébastien (P° Federico Garcia Lorca) et jusqu'à l'aéroport de **Hondarribia/ St-Sébastien** : 12,60 € - 7h45-23h45, ttes les h - www.pesa.net.
Plusieurs compagnies relient les **gares routières** des deux villes en moins d'1h30 (env. 10 €) : Alsa (www.alsa.es), Conda (www.conda.es), Pesa (www.pesa.net). Achat des billets en ligne ou dans les gares routières.
Bilbao Intermodal - Gurtubay, 1 - www.bilbaointermodal.eus. Installée près du stade San Mamés, la gare routière, souterraine, est connectée au métro, tramway et trains de banlieue C1 et C2.
St-Sébastien – Estación Donostia Geltokia - Pº Federico García Lorca, 1 - www.estaciondonostia.com.

En train

En attendant la réalisation de la liaison à grande vitesse reliant les trois capitales basques (Bilbao, St-Sébastien et Vitoria-Gasteiz), le trajet en train entre Bilbao et St-Sébastien est plus long que le bus (env. 2h30).
Eusko Tren (www.euskotren.eus).
Bilbao – Estación Bilbao-Atxuri - Atxuri, 6-8.
St-Sébastien – Estación de Amara-Donostia - pl. Easo.

ARGENT

L'Espagne fait partie de la zone **euro**. Les principales **cartes bancaires internationales** sont acceptées dans presque tous les commerces, hôtels et restaurants. La carte American Express l'est beaucoup moins.
On trouve des distributeurs un peu partout. Renseignez-vous auprès de votre banque sur les frais appliqués pour les paiements et retraits à l'étranger.
Certains bars à tapas et pensions

n'acceptent pas la carte bleue. Veillez à conserver toujours un peu de liquide.

SAISONS ET CLIMAT

Été

La région a la réputation d'être souvent pluvieuse, mais la réalité ménage heureusement de très belles périodes ensoleillées, parfois troublées dans l'arrière-pays par des orages subits. Les températures peuvent grimper très vite, mais elles restent généralement assez douces.

Automne

Le temps, agréable la plupart du temps, permet de profiter de la mer aussi bien que de la montagne... mais avec un parapluie ou un imperméable toujours à portée de main.

Hiver

Sur la côte, l'hiver est plutôt doux grâce à l'influence du *Gulf Stream*, mais attention aux sautes d'humeur de l'Océan qui peut s'emballer lors de grosses tempêtes...

Printemps

Les températures deviennent douces et, à St-Sébastien comme à Bilbao, on peut vite avoir l'impression d'être en été. Mais n'oubliez pas votre imperméable, car les pluies sont fréquentes, sur le littoral comme à l'intérieur des terres.

TOURISME ET HANDICAP

www.spain.info/fr - Différentes brochures (activités, hébergements, monuments, etc.) recensent toute l'offre adaptée pour les personnes handicapées en Espagne.

Bilbao

Les personnes à mobilité réduite se déplacent relativement facilement dans la ville. Les musées et les principaux lieux à visiter sont accessibles.

St-Sébastien

La ville, sans relief et dotée d'un grand quartier piéton, est très accessible pour les personnes se déplaçant en fauteuil roulant.

POUR EN SAVOIR PLUS

Ambassades d'Espagne

En France - 22 av. Marceau,

Pas de panique !

Pour appeler en **PCV** *(llamada a cobro revertido)*, composez le 900 99 00 et l'indicatif de votre pays.

Police - ✆ 091 (police) ou 062 (garde civile).

Bomberos (pompiers) et **Emergencias (urgences)** - ✆ 112.

Croix-Rouge - ✆ 943 222 222 (Guipúzcoa) - 944 230 359 (Vizcaya).

Perte d'une carte bancaire

American Express - ✆ 900 814 500.

Eurocard Mastercard - ✆ 900 971 231.

Visa international - ✆ 900 991 124.

75008 Paris - ✆ 01 44 43 18 00 - www.maec.es/embajadas/paris.
En Belgique – R. de la Science 19, 1040 Bruxelles - ✆ 02 230 03 40 - www.maec.es/embajadas/bruselas.
En Suisse – Kalcheggweg 24, 3000 Bern 15 - ✆ 031 350 52 52 - www.maec.es/embajadas/berna.
Au Canada – 74 Stanley Avenue, Ottawa K1M-1P4 (Ontario) - ✆ 613 747 22 52 - www.maec.es/embajadas/ottawa.

Centres culturels et associations

Institut Cervantes (et sa bibliothèque Octavio-Paz) – 7 r. Quentin-Bauchart, 75008 Paris - ✆ 01 40 70 92 92 - www.paris.cervantes.es; av. Louise 140, 1050 Bruxelles - ✆ 2 737 01 90 - bruselas.cervantes.es.
Maison basque de Paris – 59 av. Gabriel-Péri, 93400 St-Ouen - ✆ 01 40 10 11 11 - www.eskualetxea.com.

Organismes à l'étranger

France – Office espagnol de tourisme - ✆ 01 45 03 82 50 (renseignements par téléphone uniquement) - www.spain.info.
Belgique – Office espagnol de tourisme - 97 r. Royale, 1000 Bruxelles - ✆ 02 280 19 26 à 29 - www.spain.info.
Suisse – Office espagnol de tourisme - Seefeldstrasse 19, 8008 Zürich - ✆ 0443 253 60 50 - www.spain.info.
Canada – Office national de tourisme d'Espagne - 2 Bloor Street, Suite 3402, Toronto, M4W 3E2 - ✆ 416 961 3131 - www.spain.info.

Offices de tourisme

Euskadi – https://turismo.euskadi.eus. Le gouvernement autonome du Pays basque publie plusieurs brochures sur les différents types d'hébergement, la gastronomie, les parcs naturels et les randonnées. Elles sont disponibles dans tous les offices de tourisme.
Voir aussi Offices de tourisme p. 97.

Sites Internet

www.spain.info/fr – Site officiel du tourisme de l'Espagne.
www.euskoguide.com – Un site à la fois culturel et pratique pour une première approche du Pays basque.
www.bilbaoturismo.net – Site officiel du tourisme à Bilbao.
https://www.sansebastianturismoa.eus – Site officiel du tourisme à St-Sébastien.

Votre séjour de A à Z

CONSULATS

Bilbao

Consulat général de France – Iparraguirre, 26 - ✆ 944 255 180 - https://es.ambafrance.org

Consulat de Suisse – Diego López de Haro, 17 (6°) - ✆ 946 941 240 - www.eda.admin.ch

Consulat honoraire de Belgique – Paulino Mendívil, 8 (1°) - 48930 Las Arenas - ✆ 944 644 840 - spain.diplomatie.belgium.be

Il n'y a pas de consulat du Canada à Bilbao. Les **ressortissants canadiens** doivent s'adresser à l'ambassade située à Madrid : Torre Espacio, Paseo de la Castellana 259D - ✆ 913 828 400 - www.canadainternational.gc.ca

Il n'y a pas de représentations diplomatiques à St-Sébastion, adressez-vous à celles de Bilbao.

EN FAMILLE

Bilbao

Le musée Guggenheim, Azkuna Zentroa, Itsasmuseum, le funiculaire d'Artxanda, le pont transbordeur et l'aquarium (Getxo), la forge d'El Pobal (Muzkiz).

St-Sébastien

Les plages, l'aquarium, le petit train, le parc d'attractions du mont Igueldo, le musée de la Science.

HORAIRES D'OUVERTURE

Bureaux de poste – En général, lun.-vend. 8h30-20h30, sam. 9h30-13h.

Commerces – Généralement de 9h-10h à 13h30-14h, puis de 16h30-17h à 20h-21h, parfois plus tard. Les grands magasins et magasins de chaîne sont ouverts sans interruption. La plupart des boutiques sont fermées le dimanche (même si certaines ouvrent le dimanche matin) et certaines, le samedi après-midi.

Restaurants – Ils sont en général ouverts de 13h à 16h et de 21h à 0h. Les bars à tapas ont des plages horaires plus larges et ouvrent plus tôt le matin.

Musées, monuments et sites – La plupart sont ouverts de 10h à 20h voire 21h en hiver (fermeture à 17h en été). Le jour de fermeture hebdomadaire est souvent le lundi, et les horaires sont réduits le dimanche et les jours fériés. Tous sont fermés le 1er janvier et le 25 décembre, et nombreux sont ceux qui le sont aussi le 6 janvier, le Vendredi saint et le 1er Mai.

Les églises ouvrent parfois aux mêmes horaires que les commerces mais, bien souvent, seulement aux heures des messes, qui sont affichées sur la porte ou à l'office de tourisme.

JOURS FÉRIÉS

Agenda culturel p. 104.

1er janvier – Jour de l'an.

6 janvier - Épiphanie.
20 janvier - Fête de la saint Sébastien (fête locale).
Avril (dates variables) - Jeudi et Vendredi saints et Lundi de Pâques.
1er Mai - Fête du travail.
25 juillet - Fête de saint Jacques.
31 juillet - Fête de saint Ignace de Loyola.
15 août - Assomption.
12 octobre - Fête nationale.
1er novembre - Toussaint.
6 décembre - Jour de la Constitution.
8 décembre - Fête de l'Immaculée Conception.
25 décembre - Noël.

OFFICES DE TOURISME

Bilbao

Bilbao Turismo - Pl. Circular, 1 - ☎ 944 795 760 - www.bilbaoturismo.net - 9h-22h (y compris j. fériés). Une mine d'informations avec des brochures bien faites, notamment pour faire des promenades architecturales. Bornes interactives très utiles et bons conseils. Le site Internet est également très complet.

St-Sébastien

San Sebastián Turismo - Boulevard, 8 - ☎ 943 481 166 - www. https://www.sansebastianturismoa.eus - 24 juin-22 sept. : lun.-sam. 9h-20h, dim. 10h-19h ; reste de l'année : lun.-sam. 9h-19h, dim. 10h-14h (fermé 25 déc., 1er et 6 janv.).
Deux autres antennes : Paseo de Francia, 3 (gare ferroviaire) - hiver : lun.-sam. 10h-19h, dim. 10h-14h, été : tlj 10h-20h. Plaza Cervantes (uniquement en été) - tlj. 10h-20h.

PASS

Bilbao

Bilbao Bizkaia Card - www.bilbaobizkaiacard.com - 24/48/72h 10/15/20 €. S'achète en ligne ou à l'office de tourisme ; elle donne droit à la gratuité sur le réseau de transports en commun, pour les visites guidées organisées par l'office de tourisme et à un billet coupe-file pour le musée Guggenheim et le musée des Beaux-Arts.

St-Sébastien

San Sebastián Card - S'achète à l'office de tourisme et dans certains hôtels - 9 € les 6 trajets, 16 € les 12 trajets (10 jours de validité). Cette carte de transports permet également de bénéficier de réductions dans certains monuments, musées et sur des activités (aquarium, museo de San Telmo, Eureka ! Zientza Museoa...).

POSTE

Horaires d'ouverture p. 96.
Vous trouverez des timbres *(sellos)* dans les bureaux de poste *(correos)* et les bureaux de tabac *(estanco)*, et souvent dans les boutiques qui vendent des cartes postales et des souvenirs. 1,25 € pour l'envoi d'une carte postale vers l'Europe, 1,35 € vers le Canada.
Correos (bureau principal) - **Bilbao** - Alameda de Urquijo, 19 (près de la gare Renfe) - lun.-vend. 8h30-20h30, sam. 9h30-13h.
St-Sébastien - Urdaneta, 7 (près de la cathédrale) - lun.-vend. 8h30-20h30, sam. 9h30-13h.

POURBOIRE

Le service est en général inclus dans l'addition, au restaurant comme dans les bars. Cela dit, il peut être de bon ton de laisser un pourboire si vous avez aimé votre repas (5 à 10 %). Même s'ils ne vous le réclament pas, les chauffeurs de taxi apprécient également un petit geste. Idem dans les stations-service où, très souvent, on vient vous servir.

PRESSE ET MÉDIAS

Le seul **quotidien** en langue basque disponible est *Berria* (La Nouvelle). *Gara* (Nous sommes), édité à St-Sébastien, est un quotidien bilingue castillan-basque.

Euskal Telebista gère plusieurs chaînes de **télévision** diffusant leurs programmes en basque (ETB 1, ETB 3), en basque et en castillan (ETB 4), ou seulement en castillan (ETB 2).

RESTAURATION

La découverte de la gastronomie locale fait vraiment partie d'un séjour à Bilbao et St-Sébastien, qui comptent chacune plusieurs établissements étoilés, avec des restaurateurs qui privilégient les produits locaux, excellents et variés. Une soirée consacrée à l'art de déguster des pintxos est un must. Il ne faut pas pour autant négliger les restaurants plus classiques aux menus souvent avantageux à midi en semaine.
Le pain n'est pas toujours inclus dans le prix et il n'est pas d'usage de demander une carafe d'eau : on boit de l'eau minérale en bouteille.
Dans les bars et les établissements spécialisés, les pintxos apparaissent sur les comptoirs dès le milieu de la matinée, puis sont renouvelés en fin de journée pour l'heure du « poteo », et au-delà. Dans les restaurants plus traditionnels, on ne déjeune pas avant 13h et le dîner se prend à partir de 21h.
Pintxos, p. 62, Se restaurer, p. 68, Terroirs et gastronomie, p. 110, L'art du « poteo », p. 112.

SANTÉ

Numéro d'urgence unique : **112**. Les ressortissants de l'UE bénéficient de la gratuité des soins avec la **Carte européenne d'assurance maladie** (valable deux ans) disponible depuis le site Internet www.ameli.fr (comptez 2 sem. pour l'obtenir).

TAXI

Arriver à Bilbao et St-Sébastien, p. 3.
Ce moyen de transport reste encore assez abordable. On hèle facilement un taxi dans la rue.

Bilbao

Radio Taxi – 944 448 888.
Radio Teletaxi – 944 102 121 - 24h/24.
Les **stations** sont très nombreuses, notamment à l'angle de la place Moyúa (à côté de l'hôtel Carlton), place Euzkadi (proche du musée Guggenheim), derrière le marché de la Ribera (vieille ville).

Comptez autour de 6-7 € pour une course en ville et 23-27 € pour l'aéroport selon le jour et l'heure.

St-Sébastien

Taxidonosti - ☏ 943 464 646.
Vallina Teletaxi - ☏ 943 404 040 - 24h/24.
Les **stations** nombreuses en ville, par exemple rue Manterola (près de la cathédrale).

TÉLÉPHONE

Téléphone mobile

Un abonnement téléphonique en France (ou dans un pays de l'UE) permet d'utiliser son téléphone dans un autre pays de l'UE sans coût supplémentaire.

Appels internationaux

Pour appeler l'étranger depuis l'Espagne, composez le 00 + indicatif du pays (33 pour la France et Monaco, 32 pour la Belgique, 41 pour la Suisse et 01 pour le Canada) + numéro de votre correspondant sans le 0 initial. Pour appeler l'Espagne, composez le 00 suivi du 34 (l'indicatif du pays) et du numéro du correspondant à 9 chiffres.

Appels locaux

Indicatifs – Chaque numéro de téléphone fixe comprend 9 chiffres qui incluent l'indicatif provincial (Bilbao : 94; St-Sébastien et toute la région de Guipúzcoa : 943). Les numéros de portable commencent par un 6 et comportent également 9 chiffres.
Tarifs – Tarification spéciale selon que vous appelez dans la même ville, dans la province ou vers une autre province. En Espagne, les heures creuses courent du lundi au vendredi de 18h (20h pour un appel national) à 8h, et tout le week-end.

TOPONYMIE

Au Pays basque, on parle basque (il existe aussi une multitude de dialectes)... et castillan. Personne ne s'attend à ce que vous compreniez le basque et tout le monde parle castillan. Dans les rues de Bilbao et de St-Sébastien, l'affichage se fait dans les deux langues. Le nom des rues est aussi donné dans les deux langues, soit sur le même panneau s'il ne change pas, soit sur deux plaques distinctes, figurant chacune d'un côté de la rue ou sur une portion différente de l'artère. Ainsi, vous pourrez voir un panneau indiquant Calle (« rue » en castillan) Ercilla (nom de la rue) Kalea (« rue » en basque), ou deux panneaux différents indiquant l'un Calle del Correo (castillan), l'autre Posta Kalea (basque) pour la même rue. Dans ce guide, les plans et les noms des rues sont en basque, traduites en castillan si nécessaire.

TRANSPORTS EN COMMUN

Bilbao

La ville se découvre essentiellement à pied mais vous pourrez trouver l'occasion de prendre le tramway, et apercevoir au passage l'évolution du quartier du musée Guggenheim. Le métro vous permettra d'accéder aux sites situés dans les environs de Bilbao ou de vous rendre au bord de la mer.

Nombre de trajets illimités avec la **Bilbao Bizkaia Card** (p. 99).
Carte Barik - *www.ctb.eus - 3 €, vendue dans les distributeurs des stations de métro.* Cette carte rechargeable donne accès à des tarifs réduits pour le métro, le tramway, le Bilbobus, le Bizkaibus, l'ascenseur de la Salve, le funiculaire (*p. 32*) et le pont transbordeur (*p. 36*).
Métro - www.metrobilbao.net - billet simple (1 zone) 1,65 € ; billet Barik 0,93 €.
Bus (Bilbobus) - www.bilbao.net - billet occasionnel 1,35 €, billet Barik 0,66 €.
Tramway (Tranvia) - www.euskotren.es - billet simple 1,50 € ; billet journée 5 € - à acheter avant de monter (distributeurs dans ttes les stations). Une ligne unique qui dessert notamment le musée Guggenheim.

St-Sébastien

La ville se visite très facilement à pied. Un système de bus efficace relie les différents quartiers. Pour le côté pittoresque, un funiculaire centenaire fait l'ascension du mont Igueldo.
Bus (Dbus) - www.dbus.eus - billet simple 1,80 € (2,10 € nocturne).

VÉLO

Bilbao

Le système de prêt de la municipalité n'est pas accessible aux visiteurs de passage mais plusieurs prestataires permettent de louer des vélos et organisent également des promenades thématiques guidées à travers la ville.
Tourné Bilbao - Villarías 1 - ✆ 944 249 465 - tournebilbao.com. Location de vélos, VTT, tandems, vélos pour enfant (10 €/4h) et promenades guidées thématiques (dès 32 €).

St-Sébastien

dBizi - ✆ 943 434 463 - www.dbizi.com. Système de location de vélos électriques en libre-service : 16 bornes sont réparties dans la ville pour 125 vélos disponibles. De 6h30 à 23h (0h en juil.-août) - 9 € la journée, 16 € 3 jours, 21 € 5 jours (une caution de 150 € est bloquée sur le compte bancaire de l'utilisateur pendant la durée de la location).

VISITES/EXCURSIONS

Bilbao

Bus touristique - https://bilbaocityview.es - tlj de 10h30 à 19h30, dép. ttes les h (juin-sept. : mêmes horaires mais dép. ttes les demi-heures) - 15 €, billet valable 24h (6-12 ans 7 €).
Bateau - Embarcadère au niveau du puente del Ayuntamiento, côté Ensanche - ✆ 644 442 055 - www.bilboats.com - 13/19 € (enf. 9/13 €). Bilboats propose une croisière d'1h sur le Nervión, et une de 2h jusqu'à l'embouchure de l'Abra. Fréquence et horaires variables selon la saison.
Kayak – Bilbobentura - Ramón de la Sota,1 - ✆ 660 734 953 - www.bilbobentura.com. Une manière originale de découvrir Bilbao ! Location (18 €/3h), promenades le long de la ría (à partir de 20 €).
Transports/Excursions - Plusieurs compagnies dont **Pesa** *(www.pesa.*

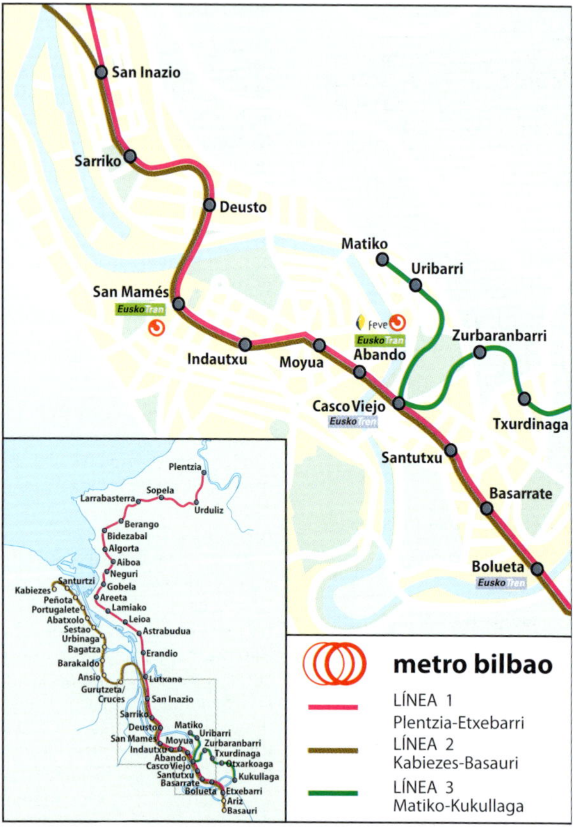
San Inazio
Sarriko
Deusto
Matiko
Uribarri
San Mamés
EuskoTran
feve
EuskoTran
Abando
Zurbaranbarri
Indautxu
Moyua
Casco Viejo
EuskoTren
Txurdinaga
Santutxu
Basarrate
Bolueta
EuskoTren
Plentzia
Sopela
Larrabasterra
Urduliz
Berango
Bidezabal
Algorta
Aiboa
Neguri
Santurtzi
Kabiezes
Gobela
Peñota
Areeta
Portugalete
Lamiako
Abatxolo
Leioa
Sestao
Astrabudua
Urbinaga
Bagatza
Erandio
Barakaldo
Ansio
Lutxana
Gurutzeta/ Cruces
San Inazio
Sarriko
Deusto
Matiko
Uribarri
San Mamés
Moyua
Zurbaranbarri
Indautxu
Txurdinaga
Abando
Otxarkoaga
Casco Viejo
Santutxu
Kukullaga
Basarrate
Bolueta
Etxebarri
Ariz
Basauri
metro bilbao
LÍNEA 1
Plentzia-Etxebarri
LÍNEA 2
Kabiezes-Basauri
LÍNEA 3
Matiko-Kukullaga

net) et **Alsa** *(www.alsa.es)* relient les villes de la région fréquemment : St-Sébastien, Vitoria, etc.

St-Sébastien

Petit train touristique – ✆ 629 650 376 - https://sansebastian.city-tour.com - 45mn - dép. paseo de Salamanca - du 15 juillet au 31 août : tlj entre 10h et 20h30 ; de Pâques à oct. : tlj entre 11h et 20h ; reste de l'année : w.-end et j. fériés entre 11h et 17h - départ ttes les h - 5 € (5-12 ans 3 €, -5 ans gratuit).

Bus touristique City Tour – ✆ 629 650 376 - https://sansebastiancity-tour.com - août : tlj départ (en face du théâtre Victoria Eugenia) ttes les 1/2h de 10h30 à 16h30 puis 17h, 18h, 19h, 20h ; de Pâques à oct. : tlj départ ttes les h de 11h à 19h ; reste de l'année : vend.-dim. départ ttes les h de 11h à 17h - fermé fév. - 12 € (5-12 ans 6 €, -5 ans gratuit).

Transports/Excursions – Plusieurs compagnies dont **Pesa** (www.pesa.net) et **Alsa** (www.alsa.es) relient les villes de la région toutes les heures (St-Sébastien-Bilbao, 1h10 ; Vitoria *via* Zarautz, 1h15).

Visite guidée Pintxos – L'office de tourisme propose des visites de la ville ponctuées par des dégustations de pintxos : une bonne manière d'entrer dans la ville ! La visite *(2h, 65 €)* comprend la dégustation de 4 pintxos et de 4 verres de vins locaux. Également des visites de cidreries locales, de fromageries (à partir de 39 €) et des cours de cuisine basque (3h, 135 €).

VOITURE

Pour conduire en Espagne, le permis de conduire à trois volets ou un permis international est nécessaire. Le conducteur doit être en possession d'une autorisation écrite du propriétaire si celui-ci n'est pas dans la voiture.

Pensez à vous munir de deux **triangles de signalisation** et d'un **gilet fluorescent**, obligatoires en cas de panne.

Bilbao

Se garer en ville est très difficile : les temps de stationnement sont limités, les zones tarifaires variables et les policiers très vigilants... Laissez votre véhicule dans un parking de stationnement longue durée.

St-Sébastien

La voiture est à proscrire dans le centre-ville. Garez-vous dans l'un des parkings souterrains : Boulevard, La Concha, Zurriola (sous Kursaal), etc. Plus éloignés, d'autres parkings (Université, Zuatzu, Miramon...) offrent l'avantage d'être gratuits et d'être reliés au centre-ville par un service de bus efficace. Les motos ont interdiction de se garer sur les trottoirs (stationnements spécifiques).

REPÉREZ-VOUS, MÊME SOUS LA PLUIE
AVEC NOS PLANS DE VILLE PLASTIFIÉS !
© oversnap/iStock

MICHELIN
LONDRES
PLAN DE VILLE
PLASTIFIÉ
Sélection touristique LE GUIDE VERT

Agenda culturel

RENDEZ-VOUS ANNUELS

Bilbao - *www.bilbaoturismo.net.*
St-Sébastien - *www.donostiakultura.eus.*

Janvier

▶ **St-Sébastien** - **La Tamborrada,** une des fêtes emblématiques de la ville, a lieu le 20 janv. de 0h à minuit. *p. 108.*

Mars

▶ **Bilbao** - **Musika-Música** - *4 jours déb. mars - www.bilbao700.eus.* Concerts de musique classique au palais palais des Congrès et de la Musique autour d'une thématique.

Avril

▶ **Bilbao** - **Basque FEST** - *Déb. avr. -* 4 jours de festivités autour de la culture basque : concerts, expos, sports et marchés.

Mai

▶ **Bilbao** - **Festival du cinéma fantastique** - *1re quinz. de mai - www.fantbilbao.eus.*
Festival international d'orgue - *diegoamezua.com. Quelques jours fin mai-début juin.* Concerts dans plusieurs églises de la ville.

Juin-juillet

▶ **Bilbao** - **Kalealdia** (**Festival international du théâtre et des arts de la rue)** - *Fin-juin-déb. juil. - bilbokokalealdia.eus.* Spectacles dans la vieille ville et sur Gran Vía.

Festival Bilbao BBK Live - *Mi-juil. - www.bilbaobbklive.com.* Ce festival de rock rassemble la crème du rock, de l'indie-pop et de l'électro rock.

Juillet

▶ **St-Sébastien** - **Festival international de jazz** - *2e quinz. de juil. - www.heinekenjazzaldia.com.* Depuis 1966, des concerts dans des salles ou en plein air, dont la plage de Zurriola ou la terrasse du Kursaal. Très réputé, il attire les mélomanes de toute l'Europe.

Août

▶ **Bilbao** - **Semana Grande/Aste Nagusia** - *3e sem. d'août.* Célébration de la culture basque.
▶ **St-Sébastien** - **Semana Grande** - *Sem. du 15 août - www.semanagrande.com.* Chaque soir, un feu d'artifice est tiré par l'une des plus grandes compagnies du monde. Installez-vous sur la plage de la Concha, vous serez aux premières loges !
Quincena musical - *En août et sept. - www.quincenamusical.com.* Festival de musique classique avec projections, concerts, master classes, etc.

Septembre

▶ **St-Sébastien** - **Euskal Jaiak ou Fêtes basques** - *1er et 2e dim. de sept. - 943 481 168.* Démonstrations de sports basques.
Kontxako Bandera - *Deux 1ers w.-ends de sept.* Régate annuelle de traînières (depuis 1879).

Festival international du Film – *Fin sept. - ✆ 943 481 212 - www.sansebastianfestival.com*. Un des festivals internationaux de cinéma les plus réputés. Les films sélectionnés se disputent la *Concha de Oro* et les stars se font prendre en photo devant le Kursaal.

Octobre

▶ **Bilbao** – **BAD, Festival de théâtre et de danse contemporaine** – *1 sem. fin oct. - badbilbao.eus*. L'avant-garde des arts scéniques avec du théâtre, de la musique, des spectacles de danse, performances, ateliers, cours, conférences...

▶ **St-Sébastien** – **San Sebastian Moda Festival** – *1 sem. en oct. - http://donostiamoda.eus*. Semaine de la mode.

Festival du film fantastique et d'horreur – *Fin oct.-déb. nov. - www.sansebastianhorrorfestival.eus.*

Novembre

▶ **Bilbao** – **ZINEBI, Festival international de cinéma documentaire et de courts-métrages** – *mi-nov. - www.zinebi.eus.* Des courts-métrages de différents pays divisés en trois catégories (documentaire, fiction et animation) auxquels s'ajoutent des expositions, des ateliers de formation, des rencontres...

J. Larrea/age fotostock

Tomborrada sur la plage de la Concha à St-Sébastien.

EXPOSITIONS GUGGENHEIM 2020/2021

Musée Guggenheim – *p. 14.*

Lee Krasner, du 20 mai au 6 sept. 2020.

Kandinsky, du 10 juin 2020 au 10 janvier 2021.

Lynette Yiadom-Boakye, du 25 sept. 2020 au 31 janvier 2021.

Les Années folles, du 27 nov. 2020 au 4 avril 2021.

Pour en savoir plus

Fête des traînières à St-Sébastien.
H. Manso/Moment Open/Getty Images

Folklore basque

Terre de traditions, le Pays basque a su garder un patrimoine folklorique d'une richesse remarquable. Les musiques et danses populaires sont bien vivantes dans toute la région et les fêtes traditionnelles continuent de rassembler les foules, qui cherchent non seulement à s'amuser, mais aussi à affirmer leur appartenance à une culture originale.

LA FÊTE

La fête est un art de vivre au Pays basque. Les fêtes patronales se succèdent toute l'année et s'intensifient l'été, chaque ville, chaque village, chaque quartier ayant sa propre personnalité en matière de célébrations. Certaines fêtes sont inaugurées par des personnages populaires. Ainsi à **Bilbao**, c'est **Marijaia**, une géante aux bras levés, qui inaugure la Semana Grande *(Aste Nagusia),* pendant laquelle toute la ville célèbre la culture basque à travers des concerts, des compétitions sportives et des feux d'artifice.
On compte aussi de nombreuses fêtes thématiques : carnavals à la fin de l'hiver, foires diverses, etc.
Le 20 janvier, jour de la **Saint-Sébastien,** Donostia célèbre la **Tamborrada** : pendant 24h, des fanfares, dont les membres sont déguisés en soldats des troupes napoléoniennes ou en cuisiniers, défilent dans les rues au rythme des tambours pour commémorer les événements de la guerre d'Indépendance *(encadré ci-dessous).* La **Semana Grande** *(Aste Nagusia)* a lieu la semaine du 15 août. À St-Sébastien, c'est l'occasion de défis sportifs (course de taureaux, traversée à la nage de Getaria à Donostia, concours de beach volley...), de concerts, et d'un formidable concours de feux d'artifice.
Les fêtes religieuses sont nombreuses à marquer le calendrier. L'excentricité des carnavals précède les solennités de la **Semaine sainte**, qui peuvent être impressionnantes.
Pour ce qui est de la **tauromachie**, même si elle rencontre une opposition de plus en plus généralisée dans la société espagnole, les aficionados ne

La Tamborrada

N'espérez pas fermer l'œil si vous vous trouvez à St-Sébastien le 20 janvier, jour de la Tamborrada ! En effet, le 19 janvier, aux douze coups de minuit, une centaine de groupes déguisés et munis de tambours se donnent rendez-vous sur la plaza de la Constitución avant de parcourir la ville sans discontinuer jusqu'à... minuit (24 heures plus tard !). Les habitants se mettent à l'unisson en frappant sur des tambours de fortune, faisant un vacarme ahurissant, vestige probable de l'ancien carnaval.

Le bertso

Il s'agit d'un chant versifié et improvisé en langue basque, et qui obéit à des règles strictes. Longtemps marqué par la ruralité, cet art est aujourd'hui porté par des représentants de la jeune génération, très prometteuse. Outre de nombreux tournois, un concours général rassemble tous les quatre ans les meilleurs versificateurs de la région, au cours d'une finale qui se déroule soit à St-Sébastien soit à Barakaldo. Le bertsolarisme est une exception culturelle basque, peu accessible aux touristes qui ne connaissent pas la langue.

manquent sous aucun prétexte les **corridas générales de Bilbao** *(une semaine autour du 15 août)*, un des sommets de la saison taurine espagnole ; plus ludiques, les concours de **recortadores** constituent un spectacle assez similaire et caractéristique du Nord de l'Espagne.

UNE CULTURE VIVANTE

La danse et la musique

Le répertoire de danses traditionnelles est extrêmement riche ; chaque vallée, voire chaque village, a ses propres danses. On notera ici l'**inguruntxo** mixte dansé au rythme des castagnettes ou le **zortziko** guipúzcoan, réservé aux garçons. Aujourd'hui, le patrimoine musical est transmis et développé entre autres par le biais des **sociétés chorales** (école de choristes amateurs ou musiciens de fanfare) qui ont adapté les chansons populaires pour l'orphéon. C'est le cas du très réputé **orphéon Donostiarra de St-Sébastien** (170 chanteurs des deux sexes), du Coro Caso également de St-Sébastien, qui regroupe quatre chœurs, du chœur mixte d'Andra Mari de Renteria et de la **société chorale de Bilbao**.

Les traînières

Les courses de traînières (*traineras* en espagnol) font revivre des gestes d'antan. Ces bateaux étaient autrefois utilisés pour pêcher les baleines ou pour le remorquage, à rames, des grands navires approchant des côtes. Aujourd'hui, le Kevlar et le carbone ont remplacé le bois, et les équipages (13 rameurs) se mesurent dans de mémorables courses, dont la plus célèbre a lieu dans la magnifique baie de St-Sébastien lors de la Kontxako Bandera.

Le football

Fondé en 1898 par des travailleurs anglais œuvrant sur les chantiers navals et par des étudiants de la bourgeoisie locale ayant étudié au Royaume-Uni, l'**Athletic Bilbao**, qui s'enorgueillit de n'aligner que des joueurs basques, est son plus illustre représentant. Les duels avec la **Real Sociedad** de St-Sébastien sont épiques.

Les sports ruraux basques

Parmi les nombreuses disciplines basques, citons la pelote à main nue, la cesta punta, mais aussi les jeux de force ruraux : coupe de troncs, levers de pierre... Un folklore encore bien vivant aujourd'hui.

Terroirs et gastronomie

Le terroir et les côtes basques se caractérisent par leur fertilité et par la qualité de leurs produits. Ajoutons à cela l'amour des Basques pour la bonne chère et une tradition culinaire qui ne cesse de se réinventer, et vous voilà dans un des épicentres gastronomiques espagnols qui, St-Sébastien en tête, attirent les gourmets de toute la planète.

PRODUITS DU TERROIR

Avec près de 200 km de côtes, les **produits de la mer** sont à l'honneur au Pays basque : au printemps, l'anchois, à partir de juin, le thon et, en hiver, la dorade, sans oublier les pêches plus lointaines qui ramenaient de Terre-Neuve la morue. Autre spécialité venue de la mer et tout aussi délectable, les **chipirones** sont des petits encornets apprêtés dans leur encre. Ce grand classique est servi dans de nombreux bars à tapas.

Même si les **jambons** ne sont pas produits au Pays basque, vous ne verrez pas un bar à pintxos sans son cuissot prêt à la coupe. Produit emblématique de la gastronomie espagnole, le jamón est rigoureusement classé en différentes catégories (serrano, cebo, bellota) en fonction de la race du cochon, de son alimentation et des conditions d'élevage. Le label noir (communément appelé pata negra) est ainsi décerné aux jambons produits à base cochons de race 100 % ibérique, nourris aux glands et élevés en liberté.

De par la surface importante de forêts et l'hygrométrie parfois élevée de certaines zones, les champignons, et plus particulièrement le **cèpe**, sont appréciés dans la cuisine basque.

Mais c'est surtout la vallée de l'Èbre toute proche qui, telle un **potager** gigantesque, fournit les cuisines du territoire. On y produit asperges, fèves, bettes, artichauts, haricots verts, courgettes, betteraves, aubergines, petits pois, laitues, choux, poireaux, oignons... Autant de produits qui entrent dans la composition des pintxos.

Côté boissons, le **txakoli**, cru confidentiel avec seulement 80 ha exploités du côté de Getaria et de Bakio, sur le golfe de Biscaye, est élaboré à partir d'un cépage local ; il se caractérise par une légère acidité et une mousse à peine perceptible. La plupart du temps blanc et sec, il se déguste aussi en vin rouge dans les alentours de Bakio, devenant alors *txakoli ojogallo*. Consommé très frais, souvent en apéritif, il accompagne parfaitement les pintxos.

Les Basques se revendiquent aussi les premiers producteurs de **cidre** *(sagardoa)*, avant même les Bretons et les Normands. Traditionnellement, ce breuvage acidulé et pétillant se déguste directement au tonneau *(kupela)*.

Pour en savoir plus, visitez la Maison du cidre basque, p. 57.

TROIS CHEFS...

Si on pique la pointe d'un compas sur l'hôtel de ville de St-Sébastien et que l'on fixe un rayon de 25 km, on ne compte pas moins de 17 étoiles Michelin (2020). La ville affiche ainsi la deuxième plus haute concentration au monde de restaurants étoilés au mètre carré, juste après Kyoto (Japon). La ville et sa région se sont placées au premier rang de l'avant-garde gastronomique, grâce à un groupe de chefs qui osent des créations faisant cohabiter science et poésie.
Trois noms : Juan Mari Arzak, Martín Berasategui et Pedro Subijana, tous les trois nés à St-Sébastien et trois étoiles Michelin chacun.
Juan Mari Arzak, né en 1942, fut l'un des pères, dans les années 1970, de la nouvelle cuisine basque. Il réinterprète sans cesse la gastronomie locale, mettant en valeur la fraîcheur des ingrédients. Avec sa fille Elena, ils concoctent des recettes sophistiquées et simples à la fois (crevettes à la citronnelle, menthe et betterave, agneau aux anchois et au brocoli).
Dans son restaurant dans les environs de Donostia, **Martín Berasategui** (né en 1960) développe quant à lui une cuisine qui, tout en étant enracinée dans la tradition culinaire du pays, s'ouvre sur le monde et dialogue avec des saveurs venues d'ailleurs : merlu au curry rouge ou agneau au lait de parmesan sont au menu.
Enfin, **Akelaŕe**, le restaurant de **Pedro Subijana** (né en 1948), combine vue imprenable sur l'Océan et modernité. Les créations avant-gardistes de Subijana sont détournées, dans un jeu teinté d'humour et de créativité, comme ces asperges, petits pois et salade liquide ou ce colin à la vapeur d'algues, plancton et feuille d'huître.

ET UNE ÉCOLE

Dans ce contexte, la création d'un centre d'études supérieures dans les arts culinaires s'imposait. Le **Basque Culinary Center** a ouvert ses portes en 2011 dans le parc technologique de Miramón à St-Sébastien. Conçu par le studio d'architecture basque VAUMM, le bâtiment ultramoderne rappelle une pile d'assiettes et, malgré ses lignes avant-gardistes, s'intègre harmonieusement dans le cadre boisé. Ce centre a pour double objectif d'offrir une formation complète et pointue dans le domaine des arts culinaires, et de développer la recherche et l'innovation dans l'alimentation et la gastronomie.
Il héberge un restaurant où, sous la supervision des professeurs, les étudiants s'exercent aux différents aspects de leur futur métier, de la conception de nouveaux plats à leur élaboration, en passant par l'accueil du client. Une opportunité pour découvrir en avant-première les tendances de la gastronomie de demain.
Réservation impérative, uniquement la première semaine de chaque mois : www.bculinaryclub.com/cafeteria.

L'art du « poteo »

Pour goûter au meilleur des produits basques, et plus spécialement sur la côte, il suffit de « potear »! Cette pratique hautement conviviale consiste à aller de bar en bar en fin de journée (c'est-à-dire vers 20h côté espagnol) pour vous délecter de pintxos accompagnés d'un verre de vin. Vous l'aurez compris, la réputation des pintxos de St-Sébastien est inégalable, suivie de près par Bilbao.

MODE D'EMPLOI

À partir de 20h, les bars sont littéralement pris d'assaut : jeunes, retraités, parents et enfants, chacun se sert au comptoir ou désigne au serveur les préparations dont il a envie, avant de récupérer l'assiette qu'il aura composée. Les propositions froides sont présentées sur le comptoir, n'oubliez pas de consulter aussi la carte des pintxos chauds, souvent affichée sur une ardoise. Généralement, l'addition se règle après dégustation. Formule très répandue au Pays basque, *el bote* (« cagnotte ») correspond au pot commun qui sert à payer la note. Traditionnellement, il était rassemblé dans un gobelet ou un verre posé sur le comptoir, d'où le serveur prélevait la somme correspondante.

TAPAS OU PINTXOS ?

Les **tapas** sont des mises en bouche, qui, au terme de votre balade, auront constitué un véritable repas.
Le choix est infini : en effet, toute recette peut être servie sous forme de *tapa*, du moment où elle est présentée en petite portion. Parmi les classiques, la tortilla de pommes de terre ou les poivrons piquillo, les olives, le jambon à la coupe, les patatas bravas (pommes de terre avec une sauce tomate pimentée),
les chipirones ou les tartines garnies de thon, de crevettes, de poivrons, de champignons.
Mais on trouve aujourd'hui des créations où l'inventivité vient enrichir la tradition.
De leur côté, les **pintxos** ont vu le jour plus récemment, sans doute dans le premier tiers du 20e s. à St-Sébastien. D'aucuns affirment même que c'est au bar de La Espiga (*p. 67*) de la rue San Marcial qu'ils sont apparus. Présentés comme des mini-brochettes, tartinés sur des morceaux de pain ou servis dans de petites cassolettes, ils déclinent la tradition culinaire basque sous forme miniature. Là encore, le choix est considérable, et vous vous régalerez de noix de St-Jacques assaisonnées à l'ail et au pesto, ou de foie gras poêlé à l'émulsion de mangue et au vinaigre balsamique... Le pintxo le plus populaire de Donostia, la célèbre « Gilda », est composé d'une olive, d'une *guindilla* (sorte de poivron) et d'un anchois. Il a été ainsi nommé en hommage au personnage joué par Rita Hayworth dans le film éponyme de 1946.

Comptoir de pintxos.

FROMAGE DE CHÈVRE
TOMATE - ANCHOIS
ET ORIGAN

Langue et littérature

L'**euskara** est l'une des plus vieilles langues d'Europe. Elle compte aujourd'hui parmi les langues régionales les plus vivantes, de par la richesse de sa production. Si les concours de bertsu célèbrent avec succès son oralité *(voir encadré p. 109)*, la langue des Basques a gagné très tôt ses lettres de noblesse grâce à une littérature poétique originale.
Lexique p. 123.

UNE LANGUE ISOLÉE AU CŒUR DE L'EUROPE

Objet de fascination pour les linguistes du monde entier, l'**euskara** est l'une des rares langues non indo-européennes du Vieux Continent. En outre, elle n'est apparentée à aucune autre langue répertoriée, ce qui en fait une langue isolée.
Les hypothèses concernant **l'origine** de la langue basque sont nombreuses, sans qu'aucune n'ait pour l'instant été validée par l'ensemble de la communauté scientifique. Ainsi, le basque trouverait-il ses origines en Afrique du Nord, au Caucase, ou bien préexisterait-il à la propagation des langues indo-européennes ?
L'originalité de la langue ne réside pas tant dans son **vocabulaire**, dont on estime qu'il provient à 75 % de langues géographiquement voisines, que dans sa grammaire. La langue basque (qui ne compte pas moins de 22 cas de déclinaison !) est agglutinante, c'est-à-dire que les mots sont formés en « collant » au radical des préfixes, suffixes, voire des infixes. Il faut ajouter à cela un système de conjugaison fort complexe.
Le 5 octobre 1968, l'Académie de la langue basque jette les bases de **l'unification** de la langue. L'abandon des diversités provinciales – le Pays basque compte quatre dialectes dotés d'une tradition littéraire écrite – est soutenu, voire précédé par les écrivains eux-mêmes, qui contribuent à promouvoir l'**euskara batua** (le basque unifié), qui a aujourd'hui un rôle important dans l'enseignement et dans la vie culturelle.

UNE LANGUE DYNAMIQUE

On dénombre un peu plus de 700 000 bascophones (dont plus de 51 000 côté français et environ 10 000 qui ne parlent que le basque côté espagnol) sur une population totale de 3 millions d'habitants. Son assise est fragile côté français. En revanche, en Espagne, dans la **Communauté autonome basque**,
le basque jouit de la **co-officialité** totale avec le castillan depuis 1979. Ainsi, l'euskara s'est hissé depuis un quart de siècle au rang de langue moderne et ouverte sur le monde (de la science, de l'administration, des médias, du droit, etc.). Sévèrement pénalisée sous le régime franquiste ainsi que sous la IVe République française, la langue basque rattrape aujourd'hui son retard.
Côté espagnol, depuis 1983, **l'enseignement bilingue** s'est

rapidement développé dans le système d'éducation public ; on trouve trois modèles d'enseignement concurrents, selon le degré de bilinguisme proposé, le plus répandu étant celui où toutes les matières, sauf l'espagnol, sont enseignées en euskara. Plusieurs réseaux d'enseignement de l'euskara pour les adultes ont vu le jour, afin de répondre notamment aux besoins d'un public qui doit maîtriser la langue pour postuler à des emplois publics.

Office public de la langue basque - www.mintzaira.fr

Par ailleurs, le Pays basque espagnol est aujourd'hui doté d'une **presse locale** variée et vivante : un quotidien *(Berria)* entièrement rédigé en basque, une chaîne de télévision publique, ETB, qui émet exclusivement en euskara, de nombreuses radios bascophones, ainsi qu'une **industrie culturelle** très dynamique. La Foire du livre et du disque basques de Durango constitue notamment un des moments forts de la vie culturelle du Pays basque.

LITTÉRATURE

L'unification de la langue marque un tournant majeur soutenu par des écrivains comme le Biscayen **Gabriel Aresti** (1933-1975). Ces auteurs libèrent la littérature de ses principaux tabous et la mettent au diapason des courants littéraires en vogue en Europe.

Dans le contexte de la « Transición » démocratique espagnole, un groupe de jeunes écrivains revendique l'autonomie du fait littéraire et le « désengagement » politique de l'écrivain. **Bernardo Atxaga** (1951), qui obtient le prix national de littérature d'Espagne et une reconnaissance de la critique internationale inédite pour un auteur de langue basque avec le recueil de nouvelles *Obabakoak* (1988), est traduit en vingt langues. Régulièrement traduite, légitimée par la critique universitaire et constituant désormais un véritable marché, la littérature basque vit sa période la plus faste. En témoignent des romans comme ceux d'**Iban Zaldua** (1966) *(Mentiras, mentiras, mentiras,* 2006*)* ou l'accueil fait à la compilation de contes : *Mende berrirako ipuinak (Pintxos. Nuevos cuentos vascos,* 2005*)*. De son côté, **Kirmen Uribe** (1970), créateur de l'innovant nouveau parcours du musée des Beaux-Arts de Bilbao, est devenu célèbre avec des romans tels que *Bilbao-New York-Bilbao* (2008). Enfin, académicienne à l'Euskaltzaindia, l'Académie de la langue basque, **Karmele Jaio** a publié des romans et de la poésie.

Naissance de Martín Zalacaín

C'est à St-Sébastien qu'a vu le jour ***Pío Baroja*** *(1872-1956), considéré comme un des plus grands romancier de l'Espagne du début du 20e s. et dont l'influence fut considérable chez ses confrères de l'après-guerre. Inspiré par le roman populaire, il a laissé une œuvre importante, évoquant sa terre natale dans une trilogie basque d'où se détache Zalacaín l'aventurier (1909).*

Histoire

L'ÉPOQUE ROMAINE

Au 1er s. de notre ère, l'ensemble des territoires basques actuels sont sous autorité romaine. Les Romains tracent des routes et réaménagent les voies pastorales. Par ailleurs, le christianisme se diffuse dans la région. Le processus est long (des zones païennes existent toujours au 10e s.), mais il ne semble pas marqué par des luttes religieuses.
Au 5e s., les Wisigoths entrent dans la Péninsule et fondent un nouveau royaume, qui doit faire face aux soulèvements réguliers dans le Nord. Le mythe des féroces **Vascons** descendant des montagnes et semant la terreur est en train de se forger.

LE MOYEN ÂGE

Le royaume wisigoth, affaibli, s'effondre sous les coups des armées musulmanes, qui débarquent dans la Péninsule en 711. Peu après, Charlemagne fait raser les murailles de Pampelune, principale cité des Vascons dont la fidélité est incertaine. Lorsque l'arrière-garde de son armée, conduite par son neveu Roland, passe les Pyrénées près de **Roncevaux**, les Vascons lui tendent une embuscade, vengeant ainsi l'attaque contre Pampelune.
La période médiévale voit s'affirmer la suprématie du royaume de Castille, qui achève la Reconquista (reconquête des territoires pris par les musulmans) et finit par engloutir les autres territoires. Malgré une résistance farouche, la province de l'Álava est annexée, puis intégrée en 1332. En 1300, les comtes de Biscaye fondent Bilbao et, en 1379, la Biscaye est incorporée à la Castille. Les **rois de Castille** doivent toutefois jurer de respecter les *fueros* (les fors, *voir ci-dessous*) sous l'**arbre de Guernica**, l'emblème officiel de la Biscaye.

LE RÉGIME DES FORS

En effet, la société parvient à maintenir ses modes ancestraux d'organisation communautaire. Ainsi, durant cette période, les territoires basques vivent sous le **régime des fors** : ils bénéficient d'institutions spécifiques et d'un système politique original.
Héritées des périodes antérieures, des institutions populaires encadrent la société. Dans chaque **paroisse**, l'assemblée des maîtres de maison se réunit tous les dimanches sous le porche de l'église et débat à égalité de voix de la vie du village. Tous les ans, chaque paroisse élit un représentant pour siéger à l'**assemblée de pays**. Cette assemblée débat de la loi régissant le pays de manière très autonome, puisque ni représentants du roi, ni noblesse, ni clergé ne sont admis.
Ces institutions, relativement démocratiques pour l'époque,

garantissent le respect des particularismes locaux à tous les niveaux, y compris celui du droit. Enfin, de part et d'autre de la frontière, le Pays basque se caractérise aussi par la permanence de traits culturels et religieux propres, que l'État ou l'Église ont tolérés jusqu'au 20e s. Alors que le concile de Trente (1545-1563) réglemente de manière précise le rôle des prêtres, leur formation et la doctrine religieuse, la société basque conserve une foi mêlée de paganisme, rendue encore plus suspecte par l'omniprésence de la langue basque.

LE 19e S., PÉRIODE CHARNIÈRE

Les fors disparaissent suite aux deux **guerres dites carlistes,** faisant les frais de querelles dynastiques madrilènes (sur les trois guerres carlistes, deux seulement ont touché le Pays basque) : lorsqu'en 1833 le roi Ferdinand VII meurt sans fils, sa succession est convoitée par deux camps opposés : celui, libéral, de sa fille Isabelle et celui, conservateur, de son frère Carlos. Ce dernier obtient le soutien des campagnes basques en se posant comme farouche défenseur de la foi catholique et des *fueros*. Une première guerre éclate dès 1833, qui aboutit à la défaite des partisans de Carlos (les carlistes).
Les Basques voient leurs autonomies provinciales considérablement réduites lors de la convention de Vergara en 1839. Une seconde guerre éclate en 1873, qui se solde par une nouvelle défaite des troupes carlistes. La loi du 21 juillet 1876 supprime cette fois totalement les fors.

Entre-temps, le contexte européen a considérablement changé. **L'industrialisation** profite à l'économie du Pays basque espagnol, où la construction navale et la production minière, en plein essor, dopent l'activité. Cela favorise le développement urbain, en particulier dans la région de Bilbao. Cet envol économique provoque une création massive d'emplois et l'arrivée de nombreux immigrants d'autres provinces espagnoles. Bilbao devient une ville industrielle dynamique, avec des chantiers navals très actifs. La ville s'enrichit, de nouvelles zones résidentielles sont tracées pour héberger une bourgeoisie de plus en plus puissante. En même temps, dans les quartiers populaires, un certain esprit contestataire et alternatif fait son apparition.
De son côté, Saint-Sébastien, devenue station balnéaire chic, se pare d'une architecture élégante et raffinée. L'identité des deux villes, distantes d'une centaine de kilomètres, est en grande partie définie à cette époque.

L'ÈRE DES NATIONALISMES

C'est dans ce contexte que le Pays basque est confronté à l'autre grand phénomène marquant du 19e s., l'apparition des nationalismes. Affaiblie par des problèmes sociaux liés à son industrialisation rapide, en Biscaye notamment, l'Espagne doit faire face au développement des régionalismes. En 1895, le Biscayen Sabino Arana Goiri fonde le **Parti nationaliste basque (PNV)** et

entraîne une partie de la population dans un nationalisme radical.
En 1931, comme les Catalans, les Basques proposent un projet d'autonomie incluant les trois provinces basques et la Navarre.
Lorsque la **guerre civile** éclate en juillet 1936, la République a besoin du soutien des nationalistes basques et leur reconnaît un statut d'autonomie très étendu.
Le 26 avril 1937, Franco fait envoyer l'aviation de son allié Hitler, qui teste ses nouveaux bombardiers, sur la ville de **Guernica**, symbole des anciennes institutions populaires biscayennes. Le premier bombardement de populations civiles de l'histoire cause l'indignation internationale, mais l'armée basque capitule le 26 août à Santoña. La guerre d'Espagne s'achève en 1939, mettant en place une dictature qui durera quarante ans. Elle s'attaque résolument au nationalisme basque, et le gouvernement basque est contraint à l'exil.
Voulant rompre avec les schémas traditionnels du nationalisme basque hérités de la fin du 19e s., une nouvelle mouvance apparaît alors, **ETA** (*Euskadi Ta Askatasuna*, « Pays basque et liberté »). D'abord symbolique, l'action clandestine franchit un pas en 1968 avec l'assassinat du chef de la police de St-Sébastien, Melitón Manzanas. L'organisation entre alors dans l'action terroriste.
Lorsque Franco meurt le 20 novembre 1975, **Juan Carlos Ier**, petit-fils d'Alphonse XIII et chef d'État intérimaire depuis quelques mois, est proclamé roi d'Espagne dès le 22 novembre. Il met en place une **monarchie parlementaire** et donc des élections libres. Un statut particulier est alors établi pour **Euskadi** (Communauté autonome basque) en 1979. Le parlement est investi de compétences très larges, qui font de la province la communauté autonome la plus étendue d'Europe. Ce statut ne règle pourtant pas le problème du nationalisme basque, et le terrorisme de l'ETA perdure jusqu'au cessez-le-feu, signé en 2011.
Des premières élections libres en 1979 jusqu'à l'élection du socialiste Patxi López en 2009, le gouvernement qui dirige la Communauté a été aux mains du Parti nationaliste basque. Le PNV est revenu au pouvoir en 2012 avec le lehendakari (chef du gouvernement basque) Iñigo Urkullu. Les élections d'avril 2020 devraient accorder une nouvelle victoire au PNV.
L'identité basque est fièrement revendiquée aujourd'hui par de nombreux Basques espagnols. Elle n'est cependant, pour la majorité d'entre eux, nullement antinomique avec un fort sentiment d'appartenance à la nation espagnole. Les Basques assument et revendiquent leur double identité, nationale et régionale. De manière générale, cette fierté d'appartenance permet de maintenir aussi vivaces des traditions et une culture parmi les plus fortes et les plus originales d'Europe, qui a un impact sur la fréquentation touristique. On estime à 6 % le poids du tourisme dans l'économie du Pays basque espagnol.

Architecture

Terres frontalières, les provinces du Pays basque ont toujours été perméables à tous les courants architecturaux. En témoignent la richesse et la variété des œuvres que l'on y rencontre. Cette ouverture artistique et culturelle est plus que jamais d'actualité : la vitalité de l'architecture moderne et de l'art contemporain, réveillés par l'incroyable succès du musée Guggenheim de Bilbao, s'inscrit avec force dans le paysage urbain.

MOYEN ÂGE

Les chemins de St-Jacques à travers le Pays basque ont fait surgir quantité de monastères, églises et chapelles. Bâtisseurs et sculpteurs transmettent styles et motifs décoratifs d'une région à l'autre, contribuant ainsi à la diffusion et au rayonnement de l'art roman. Art de confluences, l'art roman est aussi un art populaire : dans les villages qui deviennent des étapes pour les pèlerins, des artisans locaux ornent les bâtiments religieux de sculptures, parfois assez frustes mais d'une grande force expressive. Après le succès du roman, le style gothique se répand au Pays basque. En Biscaye, il faut citer la cathédrale Santiago au cœur de **Bilbao**, la basilique de Lekeitio, le portail flamboyant de Güeñes... En Guipúzcoa, les églises Santa María de Deba et San Salvador de Guetaria sont de beaux exemples du gothique des 14e et 15e s.

DE LA RENAISSANCE AU NÉOGOTHIQUE

Avec la richesse venue du Nouveau Monde, le 16e s. est une période de grandes constructions en Pays basque espagnol : les églises sont achevées avec des voûtes aux articulations très complexes, marquées encore par le gothique. Le **style Renaissance** se caractérise par une disposition harmonieuse des corps de bâtiments. Aussi, sous l'influence castillane, la décoration sculptée des portails est souvent de **style plateresque**, ce style d'ornementation architecturale de la Renaissance espagnole dont les motifs évoquent l'orfèvrerie (*Musée diocésain d'Art sacré à Bilbao p. 20*). De la fin du 16e au 18e s., le **baroque** marque profondément l'architecture, soit avec un style assez sobre mais imposant (églises d'Elgoibar et Segura en Guipúzcoa), soit avec un décor sculpté surabondant (basilique Santa María de **St-Sébastien**, *p. 44*). Il a produit une œuvre grandiose en Guipúzcoa : le sanctuaire de Loyola en l'honneur de saint Ignace, fondateur de l'ordre des Jésuites.
L'engouement pour le Moyen Âge, le sauvetage et la redécouverte des grandes cathédrales influencent, au 19e s., les nouvelles constructions religieuses. Ce style **néogothique** apparaît alors comme le mieux adapté à l'expression de la foi, suivant un courant artistique en vogue.

St-Sébastien, marquée par l'influence française, se dote d'une nouvelle cathédrale de ce style : la Catedral del Buen Pastor érigée en 1897 dans les nouveaux quartiers (*p. 51*).

ARCHITECTURE URBAINE

À partir du début du 19e s., l'architecture urbaine, destinée à des édifices municipaux de prestige, emprunte le style officiel à la mode dans les années 1800-1840, le **néoclassicisme**. Portiques et frontons, alignements de colonnades ou d'arcades, tous ces éléments se retrouvent dans les grandes villes : en témoigne la mairie de Bilbao.

Les aménagements de places

À Vitoria et **Bilbao**, les *plazas nuevas* sont de majestueux quadrilatères très centrés, quasiment fermés et souvent entourés d'arcades (*p. 19*). À **St-Sébastien**, les plazas de la **Constitución** et de **Guipúzcoa** sont enserrées dans un réseau de rues quadrillées à angles droits. Ce même plan régulier caractérise les nouveaux quartiers, les **ensanches** (extensions), comme celui de St-Sébastien (*p. 50*).

L'explosion industrielle

Le triomphe de l'industrie sidérurgique et la présence de manufactures au sud transforment les vallées du Guipúzcoa et de la Biscaye en « rues d'usines », entraînant de lourdes modifications urbaines. C'est le cas de Bilbao, devenu, avec le temps et jusqu'aux réaménagements des années 1990, le prototype de ville industrielle, grise et polluée. Il faut dire que la ville se dota néanmoins d'un théâtre, d'un musée des Beaux-Arts et d'une université, Deusto, dirigée par les jésuites.
Ces édifices furent bâtis dans un style éclectique assez pompeux, comme les villas cossues des beaux quartiers.

Une architecture balnéaire

Avec l'arrivée spectaculaire de la haute aristocratie européenne sur les côtes basques naît une architecture balnéaire sophistiquée et variée, d'inspiration très éclectique. C'est le règne de tous les « néos », qu'ils soient historiques (néo-Louis XIII et XIV ; néogothique ou néo-Renaissance) ou géographiques (andalou, irlandais, anglo-normand). Le palais de Miramar à St-Sébastien en est un exemple (*p. 41*). Mais la ville fut aussi un terrain privilégié pour l'éclosion de l'Art nouveau, dont les façades aux motifs organiques continuent d'enchanter le promeneur.

ÉPOQUE CONTEMPORAINE

Avant la guerre civile, citons quelques réussites modernistes, comme le **club nautique** de St-Sébastien (Aizpurua, 1929 ; *p. 40*).
Depuis les années 1980, le gouvernement basque d'Euskadi développe une politique ambitieuse en matière d'urbanisme et de création architecturale. À St-Sébastien, l'apparition des deux cubes de verre translucide du Centre culturel du **Kursaal** (**Rafael Moneo**, architecte navarrais né à Tudela en 1937), sur une nouvelle plage-promenade, a

grahamheywood/iStock/Adagp, Paris 2020

Passerelle Zubizuri à Bilbao par l'architecte Santiago Calatrava.

transformé l'ancien *ensanche* de Gros (*p. 52*), alors que, non loin de là, l'ancienne manufacture de tabac a été transformée, grâce à un réaménagement architectural audacieux, en centre culturel pointu. Des aménagements urbains ont été réalisés en commun par le sculpteur **Eduardo Chillida** et l'architecte Luis Peña Ganchegui (Peigne du vent, *p. 54*).

Symbole le plus célèbre du pari culturel de rénovation d'une ville administrative et industrielle, la Flor de Titanio (« fleur de titane ») de Bilbao, le musée **Guggenheim** (*p. 14*). Depuis 1997, l'œuvre futuriste de **Frank O. Gehry**, sur les rives du fleuve, a fait entrer Bilbao dans les grands circuits touristiques internationaux. Depuis, la ville est devenue le terrain de jeu privilégié des plus grands noms de l'architecture contemporaine : le métro de **sir Norman Foster**, l'aéroport de Sondika et le pont de Zubizuri par **Santiago Calatrava**, le palais des congrès et de la musique Euskalduna, de **Federico Soriano** et **Dolores Palacios**, évoquant les anciens chantiers navals ; sans oublier les tours jumelles d'**Arata Isozaki**, la tour Iberdrola de **César Pelli**, la restructuration de l'Azkuna Zentroa AlhóndigaBilbao par **Philippe Starck**, avec sa piscine suspendue…

CASTILLAN

Mots usuels

Bonjour (toute la journée) .... Hola
Bonjour (le matin) .... Buenos días
Bonsoir .... Buenas tardes
Bonne nuit .... Buenas noches
Au revoir .... Adiós
Combien ? .... ¿ Cuánto ?
Comment ? .... ¿ Cómo ?
Où ? .... ¿ Dónde ?
Oui/non .... Sí/no
Pardon .... Perdón
Quand ? .... ¿ Cuándo ?
S'il vous plaît .... Por favor
Merci .... Gracias
Horaires .... Horarios
Madame .... Señora
Monsieur .... Señor
Ouvert/fermé .... Abierto/cerrado

En ville et en visite

Avenue .... Avenida
Centre-ville .... Centro
Château/palais .... Castillo/palacio
Église .... Iglesia
Exposition .... Exposición
Hôtel de ville .... Ayuntamiento
Jardin/parc .... Jardín/parque
Marché .... Mercado
Monastère .... Monasterio
Musée .... Museo
Place .... Plaza
Poste .... Correos
Rue .... Calle
Plage .... Playa

Directions et transports

À droite .... A la derecha
À gauche .... A la izquierda
Aéroport .... Aeropuerto
Arrêt (de bus) .... Parada
Arrivée/départ .... Llegada/salida
Bateau .... Barco
Bus .... Autobús
Entrée/sortie .... Entrada/salida
Essence .... Gasolina
Est/ouest .... Este/oeste
Gare .... Estación de tren
Nord/sud .... Norte/sur
Parking .... Aparcamiento
Péage .... Peaje
Pont .... Puente
Port .... Puerto
Station-service .... Gasolinera
Train .... Tren
Voiture .... Coche

Hébergement

Chambre .... Habitación
Simple .... Individual
Double .... Doble
Hôtel .... Hotel
Pension .... Pensión
Salle de bains .... Baño
Petit-déjeuner .... Desayuno
Air conditionné .... Aire acondicionado

Au café et au restaurant

Addition .... Cuenta
Bière .... Cerveza
Boire .... Beber
Dessert .... Postre
Eau .... Agua
Entrée .... Primer plato
Fruits .... Fruta
Légumes .... Verdura
Manger .... Comer
Menu .... Menú
Pain .... Pan
Plat .... Segundo plato
Poisson .... Pescado
Restaurant .... Restaurante
Toilettes .... Servicios, aseos
Viande .... Carne
Vin .... Vino

Chiffres et nombres

0 ... Cero
1/2 ... Uno/dos
3/4 ... Tres/cuatro
5/6 ... Cinco/seis
7/8 ... Siete/ocho
9/10 ... Nueve/diez
11/12 ... Once/doce
13/14 ... Trece/catorce
15/16 ... Quince/dieciséis
17 ... Diecisiete
18 ... Dieciocho
19/20 ... Diecinueve/veinte
30 ... Treinta
40 ... Cuarenta
50 ... Cincuenta
100/1000 ... Cien/mil

Urgences

Hôpital ... Hospital
Médecin ... Médico
Police ... Policía
Pompiers ... Bomberos
Téléphone ... Teléfono

BASQUE

Quelques mots utiles

À droite ... Eskuineko
À gauche ... Esker
Arrivée/départ ... Etorrera/irteera
Au revoir ... Agur
Avenue ... Ibilbidea
Bonjour (le matin) ... Egunon
dias ...
Bonjour (toute la journée) ... Kaixo
Bonsoir ... Gabon
Centre-ville ... Erdi Aldea
Cidre ... Sagardoa
Église ... Eliza
Entrée/sortie ... Istorio/Irteera
Gare ... Geltoki
Hôtel de ville ... Udaletxea
Marché ... Azoka/Mercatu
Merci ... Eskerrik asko
Musée ... Museoa
Non ... Ez
Oui ... Bai
Pardon ... Barkatu
Parking ... Aparkelekua
Péage ... Ordainleku
Place ... Enparantza
Plage ... Hondartza
Pont ... Zubi
Port ... Kaia
Rue ... Kalea
S'il vous plaît ... Mesedez
Toilettes ... Komunak

T

U

V

Z

Crédits photographiques p. 4-5

(de gauche à droite et de haut en bas)

Musee Guggenheim par Frank O. Gehry/kissenbo/iStock@ FMGB Guggenheim Bilbao Museoa, Paris 2020

Diane Arbus in the Sixties, œuvre de Luis Rodriguez Gordillo au musée des Beaux Arts de Bilbao/Naeblys/ Shutterstock.com/Adagp, Paris 2020

Mikel Bilbao/age fotostock

Jon Arnold Images/hemis.fr

A. Pistolesi/hemis.fr

J. Larrea/age fotostock

Musée San Telmo, par l'architecte Nieto Sobejano/J. Larrea/ age fotostock

traumschoen/iStock

J. Peral/age fotostock

Peine Del Viento de l'artiste Eduardo Chillida/herraez/ iStock/© Zabalaga-Leku, Adagp, Paris 2020

Les cartes du guide

À l'intérieur de la couverture, en fin de guide :

Collection sous la direction de Philippe Orain

Responsable d'édition et rédactrice en chef du guide : Lucie Fontaine

Secrétaire d'édition	Emmanuelle Souty
Rédaction	Ur Apalategi, Marie-Claude Berger, Lucie Dejouhanet, Iker Elosegi, Alexandra Forterre, Serge Guillot, Claude Labat, Pakea, Sarah Parot, Pierre Plantier, Alejandro Prieto de Vega, Jean-Emmanuel Sceau, Catherine Zerdoun
Remerciements	Itziar Herrán (Lur Publicaciones), Cristina González Tellería (office de tourisme Bilbao), Ainhoa Córdoba Ugarte (office de tourisme St-Sébastien)
Ont contribué à ce guide	Theodor Cepraga, Costina-Ionela Tarcea, Cristina-Ionela Ungureanu (**Cartographie**), Véronique Aissani, Carole Diascorn (**Couverture**), Sophie Bouvet, Marie Simonet, Sophie Roques (**Iconographie**), Bogdan Gheorghiu, Cristian Catona, Hervé Dubois, Pascal Grougon (**Prépresse**), Dominique Auclair (**Pilotage**) Plans de ville : © MICHELIN et © 2006-2018 TomTom. All rights reserved.
Conception graphique	Laurent Muller (couverture et maquette intérieure)
Régie publicitaire et partenariats	business-solutions@tp.michelin.com *Le contenu des pages de publicité insérées dans ce guide n'engage que la responsabilité des annonceurs.*
Contacts	Vous souhaitez nous contacter ? Envoyez-nous un email à l'adresse : tourisme@tp.michelin.com
	Parution 2021

Michelin Travel Partner
Société par actions simplifiée au capital de 15 044 940 EUR
27 Cours de l'Ile Seguin - 92100 Boulogne Billancourt (France)
R.C.S. Nanterre 433 677 721

Dépôt légal : 08-2020 – ISSN 0293-9436
Compograveur : Michelin Travel Partner, Voluntari (Roumanie)
Imprimeur : Estimprim, Autechaux
Imprimé en France : 08-2020

Usine certifiée 14001
Sur du papier issu de forêts bien gérées

Bizkaibus

Dans la vieille ville de Bilbao.
J2R/iStock

Bienvenue à Bilbao et St-Sébastien

COVID-19
Toutes les adresses et informations pratiques de ce guide ont été vérifiées avant impression. L'étendue des répercussions de la pandémie de Covid-19 sur le secteur touristique n'étant encore pas connue au moment de la rédaction, il est néanmoins possible que certaines informations ne soient plus exactes à parution de ce guide.